Jorge Gómez
Velssy Hernández

# ENSINO DA PROGRAMAÇÃO DE REDES NEURONAIS

**Jorge Gómez**
**Velssy Hernández**

# ENSINO DA PROGRAMAÇÃO DE REDES NEURONAIS

## Conceber e implementar redes neuronais de raiz

**ScienciaScripts**

**Imprint**
Any brand names and product names mentioned in this book are subject to trademark, brand or patent protection and are trademarks or registered trademarks of their respective holders. The use of brand names, product names, common names, trade names, product descriptions etc. even without a particular marking in this work is in no way to be construed to mean that such names may be regarded as unrestricted in respect of trademark and brand protection legislation and could thus be used by anyone.

Cover image: www.ingimage.com

This book is a translation from the original published under ISBN 978-3-639-64602-3.

Publisher:
Sciencia Scripts
is a trademark of
Dodo Books Indian Ocean Ltd. and OmniScriptum S.R.L publishing group

120 High Road, East Finchley, London, N2 9ED, United Kingdom
Str. Armeneasca 28/1, office 1, Chisinau MD-2012, Republic of Moldova, Europe
Printed at: see last page
**ISBN: 978-620-7-74509-8**

# ENSINO DA PROGRAMAÇÃO DE REDES NEURONAIS

JORGE GÓMEZ GÓMEZ
VELSSY HERNÁNDEZ RIAÑO

# ENSINO DA PROGRAMAÇÃO DE REDES NEURONAIS

**Conceber e implementar redes neuronais de raiz**

JORGE GÓMEZ GÓMEZ
VELSSY HERNÁNDEZ RIAÑO

2

# SOBRE OS AUTORES:

**Jorge Gómez Gómez**
Engenheiro de Sistemas de profissão formado pela Fundação Universitária San Martín, Mestre em Engenharia Telemática pela Universidade de Cauca, Doutor em Tecnologias da Informação e Comunicações pela Universidade de Granada Espanha, professor a tempo inteiro de Engenharia de Sistemas na Universidade de Córdoba. Diretor do grupo de investigação SOCRATES do curso de Engenharia de Sistemas da Universidade de Córdoba, editor-chefe da revista Engineering and Innovation da Universidade de Córdoba. Membro e fundador da secção de estudantes do IEEE da Universidade de Córdoba. Publiquei numerosos artigos na área da Internet das Coisas, Consciência do Contexto, e-learning, redes de telecomunicações, em diferentes revistas indexadas nos índices JCR e SCOPUS. Tenho desenvolvido projectos de investigação relacionados com a segurança dos cidadãos, cidades inteligentes, Internet das Coisas para questões de saúde, entre outros. Sou coordenador do grupo de investigação em Computação Pervasiva do curso de Engenharia de Sistemas da Universidade de Córdoba. Neste grupo de investigação desenvolvemos actividades de investigação orientadas para sistemas inteligentes baseados em tecnologias como RFID, NFC, QRCODE, sistemas de geolocalização, sistemas ubíquos e pervasivos. Também neste grupo de investigação, os estudantes propõem soluções nos tópicos acima mencionados; os membros estão ativamente envolvidos em actividades de investigação dentro e fora da universidade. Como resultado, muitos membros ganharam prémios regionais e nacionais. Além disso, participei como avaliador de júris de revistas indexadas, teses de mestrado e dissertações de doutoramento. Sou também editor convidado da revista Computational and Mathematical Methods in Medicine-Hindawi. Fui professor convidado da Corporación Universitaria de la Costa, no Doutoramento em Tecnologias da Informação e Comunicação, na disciplina Representação Semântica da Informação em Ambientes Ubíquos. Fui professor na Universidad Cooperativa de Colombia em Monteria de 2008 a 2015, onde leccionei disciplinas de inteligência artificial, bases de dados e redes de telecomunicações. Também fui professor na Universidad del Sinú de 2008 a 2015, onde também fui diretor do grupo de investigação GNOCIX do curso de Engenharia de Sistemas. Fui conferencista em eventos nacionais e internacionais. A nível internacional, fui convidado pela Universidade Técnica Estatal de Quevedo Equador para dar um seminário sobre a Internet das Coisas em 2014. Em 2016 fui convidado pela Universidade de Babahoyo Equador para dar um seminário sobre Sistemas Ubíquos. Participei em concursos internos de investigação na Universidade de Córdoba, bem como em concursos externos como o Minciencias.

Finalmente, posso dizer que com a experiência que tive ao longo dos anos como profissional, contribuí para gerar novos conhecimentos, o que se reflectiu nos artigos que publiquei, nos trabalhos de pós-graduação que orientei, nos cursos que ministrei e na apropriação de conhecimentos para a comunidade educativa.

No âmbito do Ramo IEEE da Universidade de Córdoba, promovi a investigação e a projeção social do conhecimento nos ambientes sociais que o exigiram.

4


**Velssy Hernández Riaño:**
É Engenheira de Sistemas e tem um Mestrado em Engenharia Telemática pela Universidade Francisco José de Caldas, Colômbia. É professora e investigadora no grupo de investigação SOCRATES do Departamento de Engenharia de Sistemas da Universidade de Córdoba.

# ÍNDICE


INTRODUÇÃO ............................................................................... 7

Fundamentos teóricos ................................................................. 9

   Arquitetura básica de uma rede neural ................................ 11

   Redes neurais multicamadas ................................................ 18

   Como funciona uma rede neural ........................................... 20

      Treinar uma rede neural com Backpropagation ................ 20

      Treinar uma rede neural com propagação direta de feedforward ............ 23

Treinar uma rede neural a partir do zero .................................. 24

Classificação do míldio em imagens de batatas ...................... 33

   Parte I. Contextualização do problema ................................ 33

      O problema: .................................................................... 33

   Breve definição da requeima ................................................ 33

   Redes Neuronais Convolucionais ......................................... 34

      Aplicações das redes neurais convolucionais à agricultura. ......... 35

      Treino de redes neuronais convolucionais para a deteção do míldio da batateira ............ 35

   Parte II. Desenvolvimento de soluções ................................ 37

   Referências ............................................................................ 72

# INTRODUÇÃO

*A aprendizagem profunda é uma* área da inteligência artificial que lida com a utilização de modelos computacionais para resolver problemas altamente complexos que exigem precisão nos seus resultados. Dentro desta linha de aprendizagem profunda, encontramos as redes de crenças profundas, os Autoencoders, os sistemas RBM ou Boltzmann Constraint Machines, as Redes Neuronais Recorrentes RNN e as Redes Neuronais Convolucionais CNN.

No âmbito das utilizações da Aprendizagem Profunda, encontramos uma miríade de aplicações, que vão desde os sistemas de recomendação utilizados por plataformas como a Netflix, o Youtube, o Facebook e outras. Podemos também encontrar aplicações para sistemas de condução autónoma para deteção de objectos e peões, cuidados de saúde (deteção de cancro a partir de imagens), descodificação de ADN, reconhecimento facial, segurança e vigilância, etc.

As redes neurais fazem parte desta família de aprendizagem profunda, que são aplicadas na solução de diversos problemas que exigem um alto grau de complexidade e precisão nas saídas. Neste livro abordamos brevemente os fundamentos teóricos das redes neuronais, começando pelos princípios básicos do funcionamento de um neurónio e a sua semelhança com a parte biológica, explicando os seus axónios (entradas), os pesos das entradas, o bias, o corpo do neurónio, a função de ativação e a função de saída do axónio. Posteriormente, é descrita a arquitetura de uma rede neuronal multicamada, o processo de aprendizagem da rede neuronal através das funções de retropropagação e de propagação feedforward.

Finalmente, o livro procede ao treino de uma rede neuronal a partir do zero, com o objetivo de ensinar ao leitor, de uma forma simples, como conceber uma rede neuronal e os processos envolvidos na sua aprendizagem. Posteriormente, é definido um problema para a deteção do míldio nas culturas de batata. São apresentados os fundamentos teóricos de uma rede convolucional e as definições relacionadas com a praga da batateira. Em seguida, é apresentado ao leitor um guia passo a passo sobre como criar um projeto no Jupyter-lab para a deteção do míldio da batateira. Inicialmente, é explicado como treinar e guardar o modelo e, em seguida, é mostrado ao leitor como utilizar o modelo através do desenvolvimento de uma aplicação Web que consome o modelo pré-treinado. No final, o leitor pode programar todas as rotinas passo a passo e verificar, através da aplicação final, a usabilidade do modelo. O leitor é deixado com um exercício para usar o modelo para treinar o modelo e fazer o mesmo para a deteção da mesma praga em folhas de pimento.

No geral, este livro é muito sucinto por natureza, mas ensina o básico para que uma pessoa com formação em matemática, estatística e programação possa ser introduzida no mundo da aprendizagem profunda sem qualquer dificuldade. É importante dar crédito aos criadores de ambientes de trabalho como o Jupyter-lab, o Notebook, o Pandas, o Anaconda e as bibliotecas Sklearn, porque graças a estes contributos, os projectos de investigação em inteligência artificial podem ser realizados de forma muito mais fácil e rápida. Ao contrário das décadas anteriores, em que a curva de aprendizagem destes modelos e ferramentas era demasiado complexa e difícil de implementar.

## Fundamentos teóricos
## O que é uma rede neural?

As redes neuronais artificiais são técnicas populares de aprendizagem automática que imitam o processo de aprendizagem nos seres vivos. No sistema nervoso humano, as células chamadas neurónios estão interligadas através de axónios e dendritos, e as áreas de ligação são conhecidas como sinapses. Estas sinapses são essenciais, uma vez que representam ligações neuronais, cuja força pode mudar em resposta a estímulos externos, facilitando a aprendizagem nos seres vivos. Este processo biológico é replicado nas redes neuronais artificiais, onde as unidades de processamento, chamadas neurónios, estão ligadas por pesos que desempenham um papel semelhante ao das ligações sinápticas nos organismos vivos (Goldberg, 2016; Acharya et al., 2017).

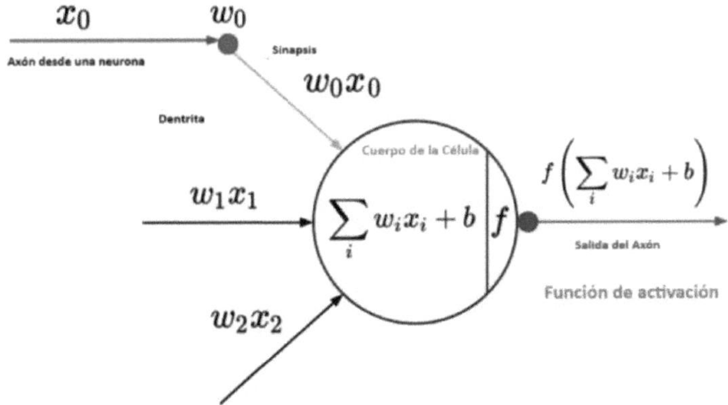


Figura 1. Arquitetura de um neurónio - adaptado de https://pub.towardsai.net/neural-network-from-scratch-6fa1e78a3515 .

Cada sinal de entrada que chega a um neurónio é modificado por um valor chamado peso, que influencia a função que o neurónio calcula. Esta disposição é apresentada na Figura 1. Uma rede neuronal artificial efectua cálculos a partir das entradas, propagando os resultados dos neurónios de entrada para os neurónios de saída e utilizando os pesos como variáveis intermédias (Grossberg e Merrill, 1992).

O processo de aprendizagem envolve o ajuste destes pesos que ligam os neurónios, à semelhança da forma como os organismos biológicos necessitam de estímulos externos para aprender. No caso das redes neuronais artificiais, estes estímulos externos são fornecidos pelos dados de treino, que consistem em exemplos de pares de entrada-saída da função a ser aprendida. Por exemplo, o conjunto de treino pode conter imagens representadas em pixéis (entrada) e etiquetas correspondentes (por exemplo, imagens de tomates saudáveis e doentes) como saída.

Estes pares de dados são utilizados para treinar a rede neuronal, que depois faz previsões sobre os rótulos de saída a partir das representações de entrada. Durante o treino, os dados fornecem feedback sobre a exatidão dos pesos na rede neuronal, com base na correspondência das previsões com os rótulos de saída anotados nos dados de treino. Os neurónios ajustam os seus pesos em resposta aos erros de previsão, com o objetivo de modificar a função calculada para melhorar a precisão em iterações futuras. Este ajuste dos pesos é feito de forma cuidadosa e matematicamente justificada, com o objetivo de minimizar o erro nos cálculos (Nagabandi et al., 2018).

À medida que os pesos entre os neurónios são sucessivamente ajustados utilizando vários pares de entradas e saídas, a função calculada pela rede neuronal é aperfeiçoada ao longo do tempo, resultando em previsões mais precisas. Este processo permite que a rede neuronal generalize a sua capacidade de fazer previsões exactas sobre novas entradas que nunca viu antes, como por exemplo identificar corretamente um tomate numa imagem que não fazia parte do conjunto de treino original. Esta capacidade da rede neuronal de fazer previsões exactas sobre dados não vistos durante o treino é conhecida como generalização do modelo (Schmidhuber, 2015).

**Arquitetura básica de uma rede neural**

Na rede de camada única, um conjunto de entradas é mapeado diretamente para uma saída através da utilização de uma variação. A expressão mínima de uma rede neural é conhecida como perceptron, como mostra a figura 2.

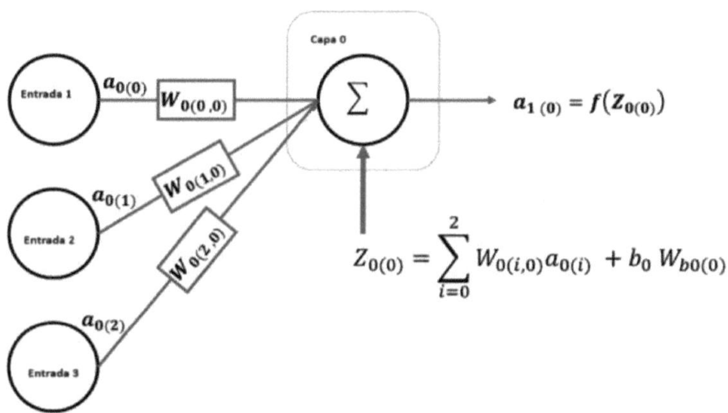


Figura 2: Perceptrão não enviesado.

A estrutura do perceptron, representada na figura 2, consiste numa única camada de entrada que transmite as características ao nó de saída. Nas ligações da entrada para a saída estão os pesos w0...wn, que multiplicam as características e são somados no nó de saída (Schmidhuber, 2015).

Em seguida, uma função de ativação, como a função de sinal, é utilizada para converter o valor resultante numa etiqueta de classe. Esta função de ativação é crucial no processo e pode variar consoante o tipo de modelo de aprendizagem automática que se pretende simular, como os mínimos quadrados ou a regressão softmax, entre outros. Uma das funções de ativação mais comuns nas redes neuronais é a função sigmoide, ilustrada na figura 3.

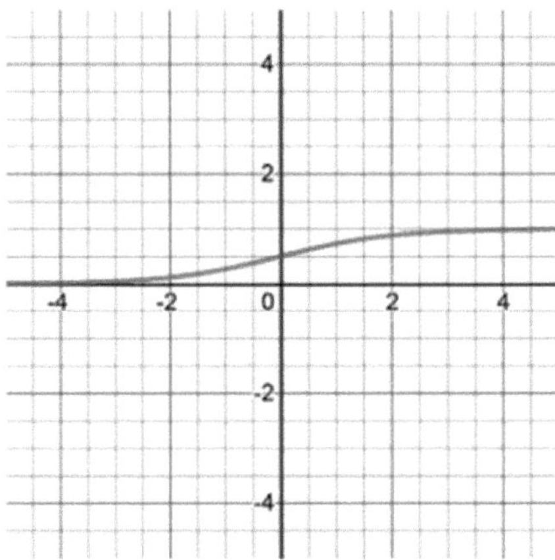

$$a_{1\,(0)} = \sigma\left(Z_{0\,(0)}\right) = \frac{1}{\left(1 + e^{-\left(Z_{0\,(0)}\right)}\right)}$$

Figura 3. desvio com a função sigmoide.

A maioria dos modelos elementares de aprendizagem automática pode ser facilmente visualizada como configurações simples de redes neuronais. Esta prática é útil para representar os métodos tradicionais de aprendizagem automática em termos de arquitecturas neuronais, uma vez que permite compreender melhor a forma como a aprendizagem profunda alarga o âmbito da aprendizagem automática convencional. A camada de entrada não é contabilizada no número total de camadas de uma rede neuronal. Como o perceptron consiste em apenas uma camada de processamento, é classificado como uma rede de camada única (Nielsen, 2015).

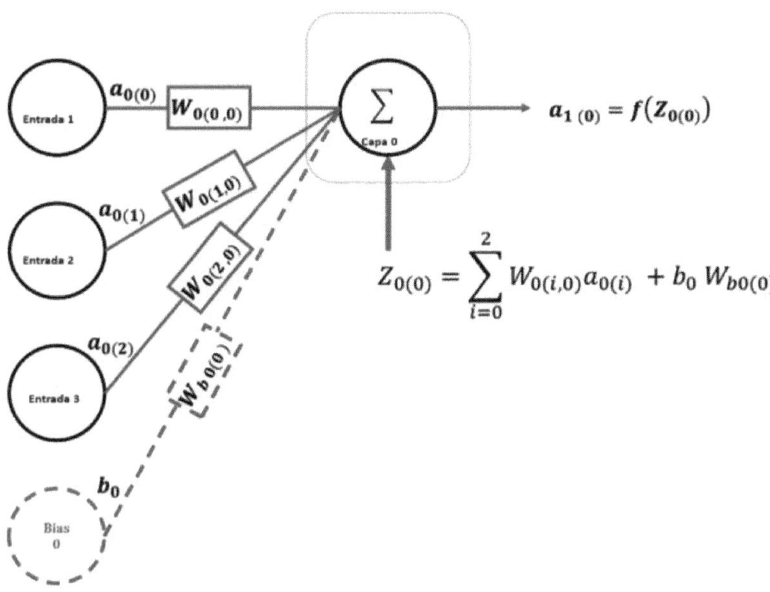


Figura 4: Perceptron enviesado

Em vários modelos, existe uma parte constante da previsão conhecida como enviesamento. Para capturar essa parte invariante da previsão, é necessário incluir uma variável de viés adicional, representada por "b". Este enviesamento pode ser incorporado como um peso adicional na extremidade, utilizando um neurónio de enviesamento. Isto é conseguido através da adição de um neurónio que emite sempre um valor de 1 para o nó de saída (Schmidhuber, 2015). O peso da borda que liga o neurónio de polarização ao nó de saída fornece a variável de polarização, como ilustrado na Figura 4.

Em seguida, será apresentado graficamente um problema de rede neural baseado na necessidade de uma pessoa viajar para um destino específico, para o efeito devem ser satisfeitas algumas condições, tais como

X1: Tem dinheiro suficiente? 1/0

X2: A sua família quer fazer uma viagem? 1/0

X3: O sítio é agradável? 1/0


A figura 5 mostra as condições iniciais.

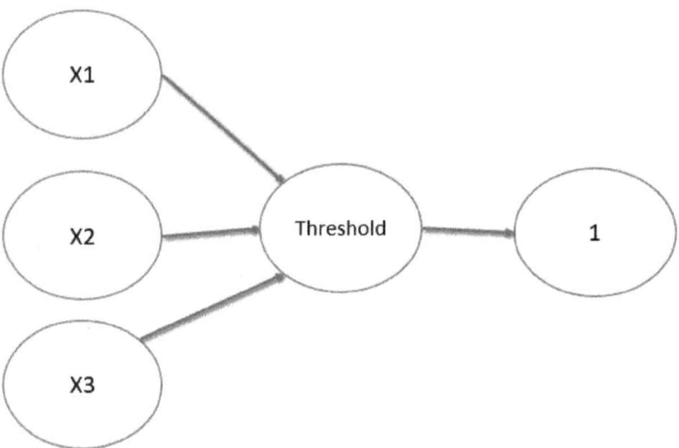


Figura 5: Condições iniciais


Agora, para tomar a decisão de fazer uma viagem, os parâmetros de entrada devem estar acima do limiar, de modo que os dados de entrada, se existirem, devem ser maiores do que o limiar, como mostra a Figura 6.

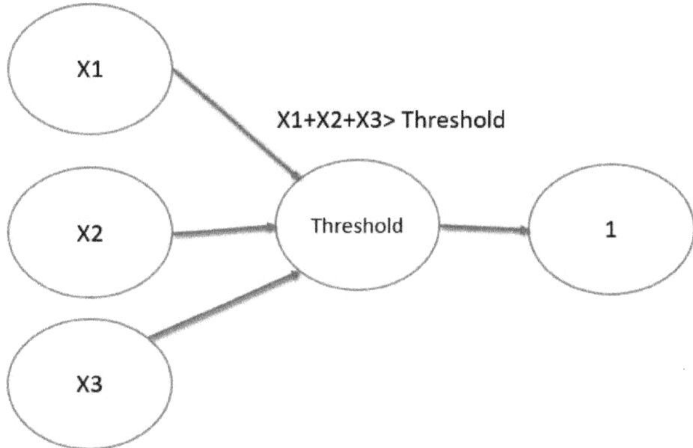


Figura 6: Definição do limiar na rede neuronal.

Em seguida, nas figuras 7 e 8, vamos jogar com os factores de condição, como por exemplo, que a condição um seja cumprida, ou seja, que tenham dinheiro suficiente para viajar, e a condição três, que o local seja agradável, independentemente do facto de a família não querer viajar, que seria a condição dois.

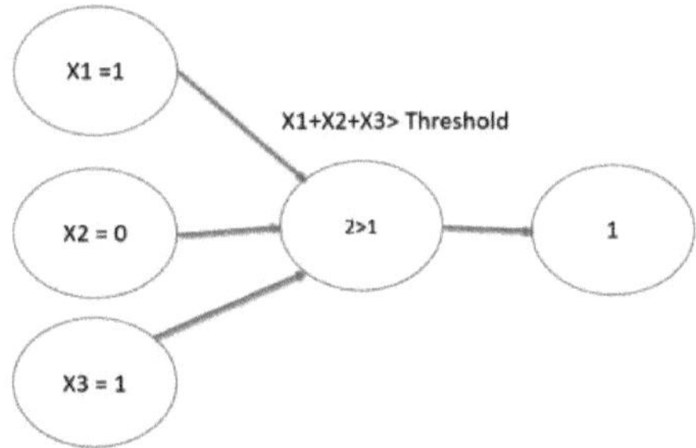


Figura 7: Tem dinheiro suficiente e o sítio é agradável.

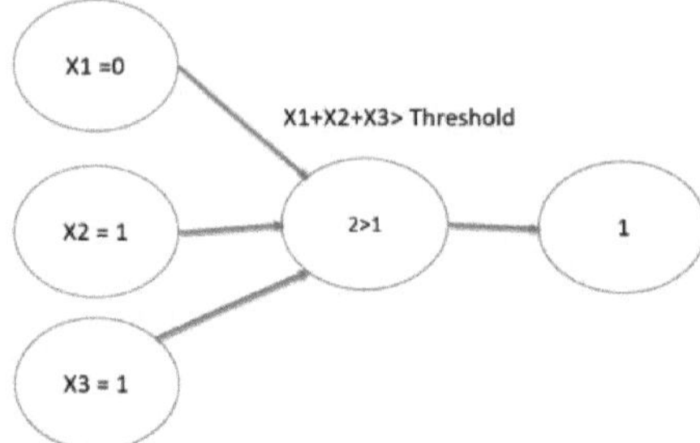


Figura 8: A família quer fazer uma viagem e o sítio é agradável.

Note-se que, na Figura 8, a pessoa não tem dinheiro suficiente, pelo que se coloca a questão: como é que ela vai viajar se não tem dinheiro? Esta é uma questão muito pertinente. Uma forma de a resolver é definir pesos para cada entrada, de modo a que, com base nesses pesos, a função de ativação possa ser executada. Seguindo o exemplo apresentado na Figura 9, para este problema, é atribuído um peso mais elevado a dinheiro suficiente para viajar. Faz sentido, se tivermos dinheiro, podemos viajar, seja sem a família ou se o sítio não for agradável.

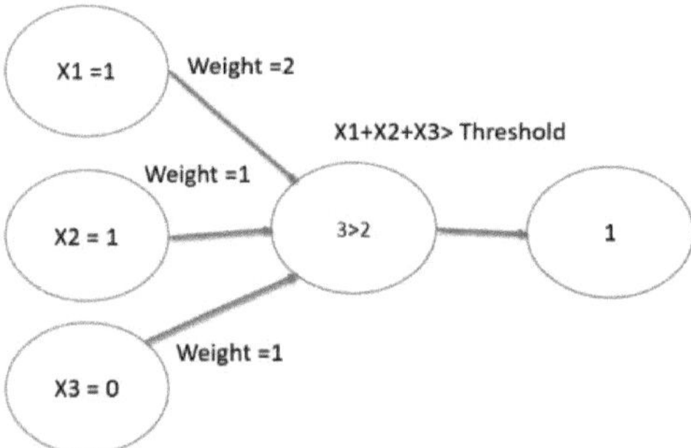


Figura 9: É definido um peso mais elevado para a variável X1.

Em seguida, continuando com as combinações de entrada e os pesos, podemos observar os comportamentos da função de ativação nas figuras 10, 11 e 12.

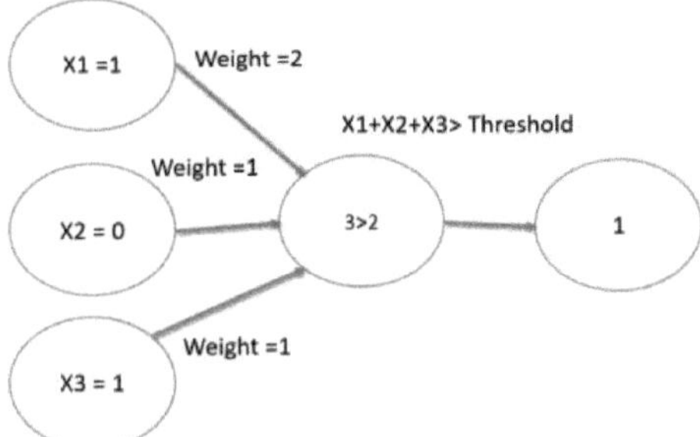


Figura 10: Tem dinheiro suficiente e o sítio é agradável.

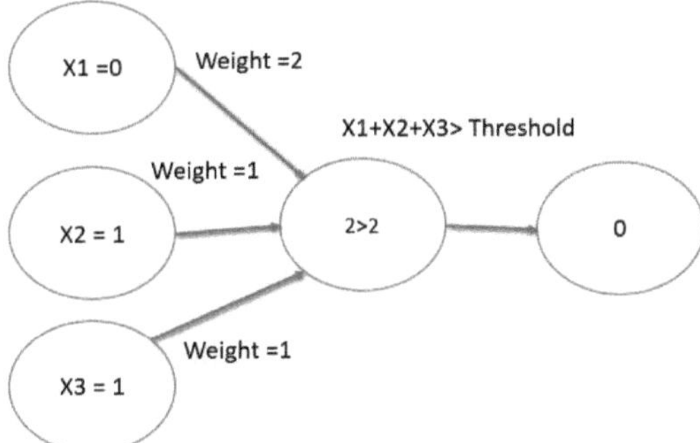


Figura 11. O sítio é agradável e a família quer viajar

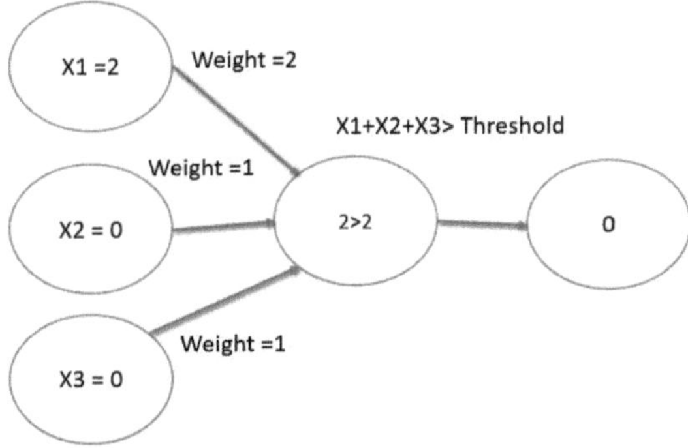


Figura 12: Tem dinheiro para viajar, mas a família não quer viajar e o local é desagradável.

Como se pode ver na Figura 11, embora a família queira viajar e o local seja agradável, o peso da variável de input disponibilidade de dinheiro suficiente não é atingido, pelo que, obviamente, não é possível viajar. E na Figura 12, há dinheiro suficiente, mas a família não quer viajar e o local é desagradável, pelo que é uma razão suficiente para não fazer uma viagem.

Em poucas palavras:

- Saída: É o valor final ou a ativação do neurónio.
- Activation_function: é uma função matemática que determina se o neurónio deve ou não ser ativado com base na sua entrada.
- Soma_ponderada: A soma dos produtos dos valores de entrada e dos seus pesos correspondentes.
- Bias: é adicionado um termo de bias à soma ponderada para dar ao neurónio alguma flexibilidade na sua ativação.

  A soma ponderada é calculada da seguinte forma: soma_ponderada = (w1 * x1) + (w2 * x2) + ... + (wn * xn) Onde: w1, w2, ..., wn: são os pesos associados a cada entrada.x1, x2, ..., xn: são os valores de entrada.

A função de ativação pode ser qualquer função não linear, como a função sigmoide, ReLU (Unidade Linear Rectificada) ou softmax, dependendo do tipo de neurónio e da tarefa em causa.


**Redes neurais multicamadas**

As redes neuronais multicamadas são constituídas por mais do que uma camada de processamento. No caso do perceptron, é constituído por uma camada de entrada e uma camada de saída, sendo a camada de saída que efectua os cálculos. A camada de entrada transmite os dados à camada de saída, onde todos os cálculos são visíveis para o utilizador. No entanto, nas redes neuronais multicamadas, são acrescentadas camadas intermédias adicionais entre a entrada e a saída, designadas por camadas ocultas, uma vez que os cálculos nelas efectuados não são diretamente observáveis pelo utilizador, como mostra a figura 13.

A estrutura específica das redes neuronais multicamadas é designada por redes de feedback, porque as camadas sucessivas comunicam entre si numa direção unidirecional da entrada para a saída. A configuração padrão das redes de feedback pressupõe que todos os nós de uma camada estão conectados aos nós da camada seguinte. Por conseguinte, uma vez definidos o número de camadas e o número/tipo de nós em cada camada, a arquitetura da rede neuronal está praticamente determinada. O único aspeto que resta é a função de perda que é optimizada na camada de saída. Embora o algoritmo perceptron utilize o critério perceptron, existem várias opções (Montesinos et al., 2022). É muito comum utilizar saídas softmax com perdas de entropia cruzada para previsões discretas e saídas lineares com perdas quadráticas para previsões de valor real.

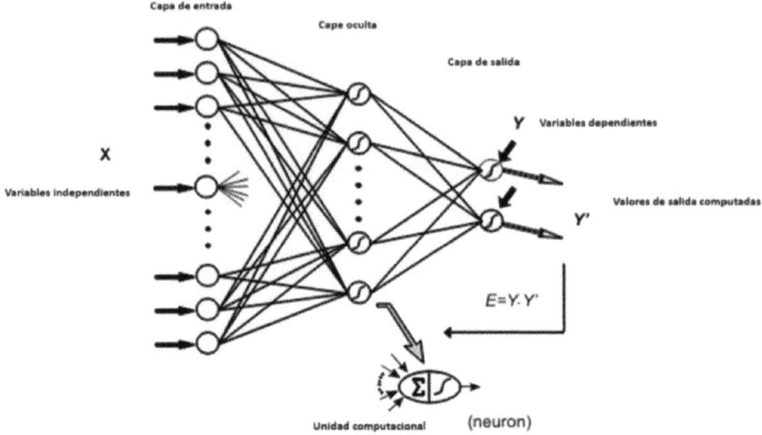


Figura 13. Modelo de rede neural multicamada retirado de (Park e Lek, 2016).

## Como funciona uma rede neuronal

*Treinar uma rede neural com retropropagação (Backpropagation)*

Numa rede neuronal de camada única, o processo de formação é bastante simples, uma vez que a função de erro ou perda pode ser calculada diretamente a partir dos pesos, o que facilita o cálculo do gradiente. No entanto, no caso de redes neurais multicamadas, surge um desafio, pois a perda é uma função complexa da composição dos pesos nas camadas anteriores. Para resolver este problema, é utilizado o algoritmo de retropropagação, que se baseia na regra da cadeia do cálculo diferencial. Esse algoritmo calcula os gradientes de erro em termos de somas de produtos de gradientes locais ao longo dos diferentes caminhos de um nó até a saída (Cilimkovic, 2015; Baldi et al., 2018). Embora essa soma envolva um número exponencial de componentes (caminhos), ela pode ser eficientemente calculada por programação dinâmica, como mostra a Figura 14. O algoritmo de retropropagação é baseado em programação dinâmica e consiste em duas fases principais: a fase de avanço, que é responsável por calcular os valores de saída e as derivadas locais em vários nós, e a fase de retropropagação, que acumula os produtos desses valores locais em todos os caminhos do nó até a saída.

Durante a fase direta do processo de formação de uma rede neuronal, são introduzidas as entradas correspondentes a uma instância de formação. Isto gera uma sequência direta de cálculos entre as camadas, utilizando os pesos actuais. O resultado final previsto pode ser comparado com o resultado efetivo da instância de treino e é calculada a derivada da função de perda em relação ao resultado. Posteriormente, na fase inversa, é necessário calcular a derivada desta perda em relação aos pesos em todas as camadas. Esta etapa é normalmente a parte mais difícil da maioria dos algoritmos de aprendizagem automática. Uma contribuição significativa da abordagem da rede neural é a introdução do conceito de modularidade na aprendizagem automática (Liao et al., 2018).

Numa rede neuronal de camada única, o processo de formação é relativamente simples, uma vez que a função de erro ou perda pode ser calculada diretamente a partir dos pesos, o que facilita o cálculo do gradiente. No entanto, no caso de redes multicamadas, surge um desafio porque a perda é uma função complexa da composição dos pesos nas camadas anteriores.

Para resolver este problema, é utilizado o algoritmo de retropropagação, que explora a regra da cadeia do cálculo diferencial. Este algoritmo calcula os gradientes de erro em termos de somas de produtos de gradientes locais ao longo dos diferentes caminhos de um nó para a saída. Embora esta soma envolva um número exponencial de componentes, pode ser calculada eficientemente por programação dinâmica (Hecht- et al., 1992). O algoritmo de retropropagação consiste em duas fases principais:

- A fase de avanço, necessária para calcular os valores de saída e as derivadas locais em vários nós
- A fase de retrocesso, necessária para acumular os produtos destes valores locais em todos os caminhos desde o nó até à saída.

A fase de retrocesso centra-se principalmente na aprendizagem do gradiente da função de perda em relação aos diferentes pesos, utilizando a regra da cadeia do cálculo diferencial. Estes gradientes são utilizados para ajustar os pesos. Uma vez que este processo de aprendizagem se processa em sentido inverso, a partir do nó de saída, é conhecido como fase de retrocesso (Badr, 2021).

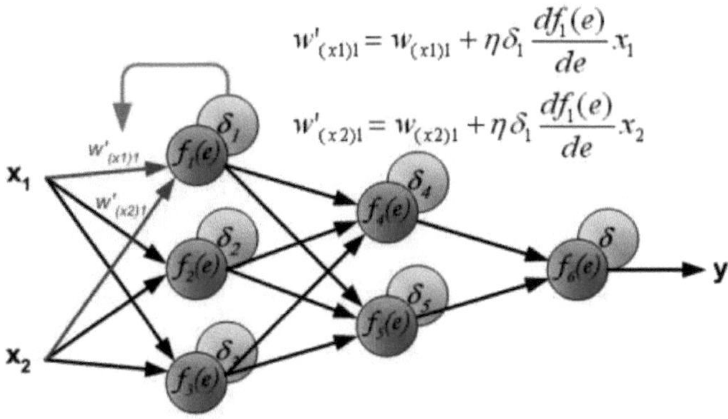


Figura 14. Método de retropropagação retirado de (http://galaxy.agh.edu.pl/~vlsi/AI/backp_t_en/backprop.html)

*Treino de uma rede neural com propagação direta de feedforward*

O processo de formação de uma rede neural com propagação direta feedforward é essencial no domínio da aprendizagem profunda. Estas redes neuronais são compostas por uma camada de entrada, pelo menos uma camada oculta e uma camada de saída (Ozanich et al., 2020; Khan et al., 2023). Cada nó da rede está ligado a nós em camadas adjacentes através de pesos e limiares correspondentes. A Figura 15 mostra o funcionamento deste processo.

**Como é que a propagação direta funciona nas redes neuronais?**

A propagação direta numa rede neuronal é o processo através do qual os dados de entrada atravessam as diferentes camadas da rede para gerar uma saída. Este processo envolve as seguintes etapas:

1. Camada de entrada: Os dados de entrada são introduzidos na camada inicial da rede neural.

2. Camadas ocultas: Os dados de entrada são processados através de uma ou mais camadas ocultas. Cada neurónio de uma camada oculta recebe dados da camada anterior, aplica uma função de ativação à soma ponderada desses dados e transmite o resultado à camada seguinte.

3. Camada de saída: Os dados processados são enviados para a camada de saída, onde é gerada a saída final da rede. Normalmente, esta camada aplica uma função de ativação adequada à tarefa, como a softmax para classificação ou a ativação linear para regressão.

4. Previsão: A saída final da rede neural representa a previsão ou classificação dos dados de entrada. A propagação direta é crucial para fazer essas previsões nas redes neurais. Calcula a saída da rede para uma entrada específica com base nos valores actuais dos pesos e das polarizações. Esta saída é então comparada com o valor-alvo real para calcular a perda, que é utilizada para atualizar os pesos e as tendências durante o processo de formação.

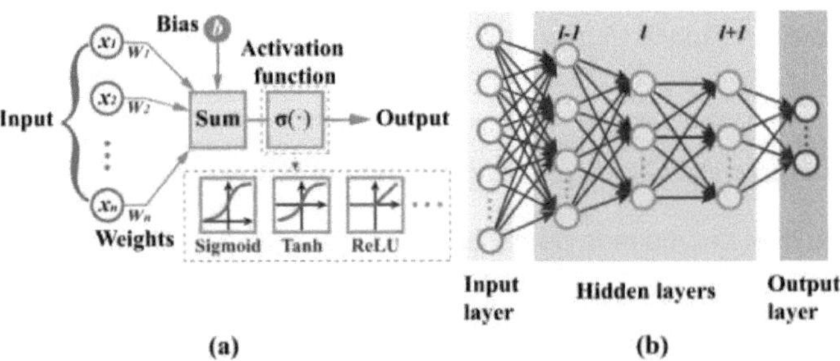


Figura 15: Método de propagação direta retirado de (Ma e Mei, 2021).

## Treinar uma rede neural a partir do zero

O objetivo da rede neuronal é prever se um número binário tem um número par ou ímpar com o valor de um, como mostra a Figura 16.

| A | B | C | Y |
|---|---|---|---|
| 0 | 0 | 0 | 0 |
| 0 | 0 | 1 | 1 |
| 0 | 1 | 0 | 1 |
| 0 | 1 | 1 | 0 |
| 1 | 0 | 0 | 1 |
| 1 | 0 | 1 | 0 |
| 1 | 1 | 0 | 0 |
| 1 | 1 | 1 | 1 |

Figura 16: Operador X-OR

Em seguida, vamos abrir um novo projeto no jupyter-lab

Adicione a seguinte linha de código

```
#Importamos la libreria numpy para la gestión de vectores
import numpy as np
```

Clicar no botão Executar

De seguida, vamos definir as variáveis independentes em X e a variável dependente em Y. Adicione o seguinte código:

```
#Definiendo las variables dependientes
X= np.array(([0,0,0],

        [0,0,1],

        [0,1,0],

        [0,1,1],

        [1,0,0],

        [1,0,1],

        [1,1,0],

        [1,1,1]), dtype = float)
#Definiendo la variable dependiente
y= np.array(([0],

        [1],

        [1],

        [0],

        [1],

        [0],


[0],

        [1]), dtype = float)
```

Clicar em executar

De seguida, vamos mostrar os valores das variáveis independentes, armazenados em X, adicionando a seguinte linha de código:

```
print (X)
```

Clicar no botão Executar

Deverá ter um aspeto semelhante ao seguinte:

```
[[0. 0. 0.]
 [0. 0. 1.]
 [0. 1. 0.]
 [0. 1. 1.]
 [1. 0. 0.]
 [1. 0. 1.]
 [1. 1. 0.]
```

[1. 1. 1.]]

O que é igual aos dados expressos na figura 16.

Os valores da variável dependente Y são apresentados de seguida.

Adicione a seguinte linha de código:

```
print (y)
```

Clique no botão Executar, que deve ter o seguinte aspeto:

```
[[0.]
 [1.]
 [1.]
 [0.]
 [1.]
 [0.]
 [0.]
 [1.]]
```

Apresenta os valores introduzidos na variável Y

De seguida, definimos os pesos, as saídas da camada 0 e a saída da rede neuronal.

Adicione as seguintes linhas de código:

```
lr = 0.5 #Tasa de aprendizaje

w0 = np.random.randn(X.shape[1],4)

w1 = np.random.randn(4,1)

output = np.zeros(y.shape)

Z0,z1,a0,a1,a2,error = [],[],[],[],[],[]
```

Clicar no botão Executar

De seguida, vamos programar a função sigmoide da Figura 17.

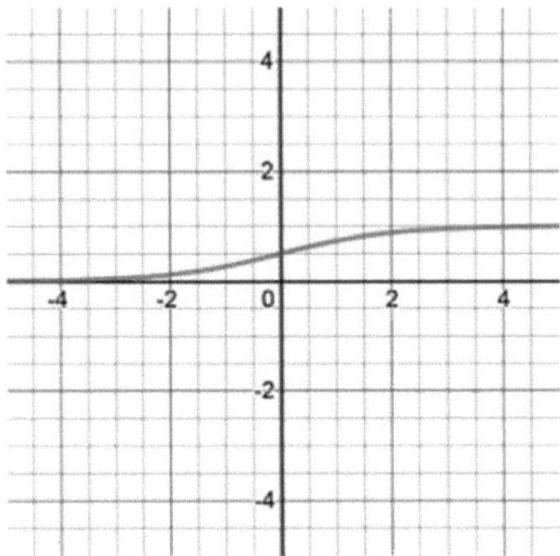

$$a_{1\,(0)} = \sigma\left(Z_{0\,(0)}\right) = \frac{1}{\left(1 + e^{-\left(Z_{0\,(0)}\right)}\right)}$$

Figura 17. Função sigmoide.

Em seguida, adicione a seguinte linha de código:

```
def sigmoid(t):
    return 1/(1+np.exp(-t))


def sigmoid_derivate(p):
    return sigmoid(p) * sigmoid(1-p)
```

Clique no botão executar.

De seguida, vamos programar a função de avanço (ver figura 15).

Adicione as seguintes linhas de código:

```python
#Nos proporciona los datos de la capa anterior a la siguiente
def feedforward(X_input):
    #np.dot regresa el producto punto de dos arreglos
    global a0,z0,a1,z1,a2
    a0 = X_input # entrada de datos, no aumenta o decrementa los pesos
    z0 = np.dot(a0,w0) # guarda el acumulado
    a1 = sigmoid(z0) # Formula de activación de la capa
    z1 = np.dot(a1,w1)
    a2 = sigmoid(z1)
    output = a2
    return output
```

Clicar no botão Executar

De seguida, vamos programar a função de retropropagação,

Adicione as seguintes linhas de código:

```python
# Nos proporciona los datos para la capa siguiente
def backprop():


    #Aplicando la regla de la cadena para la funcion de perdida a los pesos 2 y 1
    # T devuelve la matriz traspuesta
    global w0,w1,w2,b0,b1,b2
    mse = np.sum((y - output)**2)
    error.append(mse)
    delta1 = -(y - output) * sigmoid_derivate(z1)
    d_w1 =np.dot(a1.T,delta1)
    d_b1 = delta1


    delta0 = np.dot(delta1,w1.T)* sigmoid_derivate(z0)
    d_w0 = np.dot(a0.T, delta0)
    d_b0 = delta0


    w1= w1 -lr * d_w1
    w0= w0 -lr * d_w0
```

Clicar no botão Executar

Em seguida, treinamos a rede neural com 200 épocas.

Adicione as seguintes linhas de código:

```python
for i in range(200):
    output = feedforward(X)
    backprop()
    if i % 10 == 0 :
        print ("Epoch: {}, mse: {}".format(i,error[-1]))
```

Clique no botão Executar, que deve ter o seguinte aspeto:

```
Época: 0, mse: 2.244643726482458
Época: 10, mse: 1.975452034687431
Época: 20, mse: 1.9641015379246798
Época: 30, mse: 1.9527136650429864
Época: 40, mse: 1.9387755664634165
```

Época: 50, mse: 1.9206708098384495
Época: 60, mse: 1.8974052791837055
Época: 70, mse: 1.868429426350096
Época: 80, mse: 1.8335723684900127
Época: 90, mse: 1.7930338899296947
Época: 100, mse: 1.7474025933104411
Época: 110, mse: 1.6976224915601976
Época: 120, mse: 1.6448362394839022
Época: 130, mse: 1.5901319284398507
Época: 140, mse: 1.5342883832264649
Época: 150, mse: 1.47759329504335
Época: 160, mse: 1.4197725355184556
Época: 170, mse: 1.36006157382125
Época: 180, mse: 1.297453152314923
Época: 190, mse: 1.2311351753589428

De seguida, vamos apresentar os pesos de w0, adicionando a seguinte linha de código:

```
w0
```

Clique no botão Executar, que deve ter o seguinte aspeto:

```
array([[[ 3.09045348, 0.3381738 , 4.54875063, -0.07219332],
    [-0.76271849, 1.11348503, 3.87093059, 1.91943018],
    [-2.67995886, -2.1815292 , -5.95016862, -0.61430587]]])
```

De seguida, faremos o mesmo com w1, adicionando a seguinte linha de código:

```
w1
```

Clique no botão Executar, que deve ter o seguinte aspeto:

```
array([[[-2.38649282],
    [-1.86736127],
    [ 4.39840749],
    [-1.09890991]]])
```

De seguida, testaremos o modelo com uma aproximação

Adicione a seguinte linha de código:

```
output = feedforward([0,0,0])

output
```

Clique no botão Executar, que deve ter o seguinte aspeto:

```
matriz([0.38291866])
```

Por último, testaremos o erro quadrático do modelo.

Adicione a seguinte linha de código:

```
import matplotlib.pyplot as plt

%matplotlib inline

plt.plot(error)
```

Clique no botão "Run" (Executar), que deve ter um aspeto semelhante ao mostrado na figura 18.

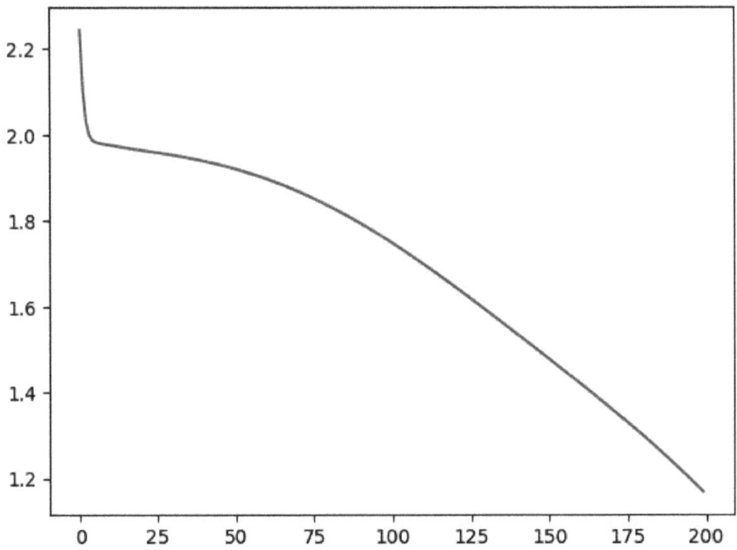

Figura 18. Erro quadrático

Pode descarregar o código fonte para este exercício no seguinte endereço:

https://github.com/jeliecergomez/Machine_Learning/blob/main/Funcion_XOR.ip
ynb

Fim do exercício.

# Classificação do míldio em imagens de batatas

**Objetivo**: Implementar um modelo de rede neural convolucional que permita prever o estado de saúde da folha da batateira em função da doença do míldio.

## Parte I. Contextualização do problema

*O problema:*

O míldio da batata, causado pelo agente patogénico Phytophthora infestans, representa uma das ameaças mais devastadoras para as culturas de batata a nível mundial. Este microrganismo pode propagar-se rapidamente em condições climatéricas favoráveis, causando perdas de rendimento consideráveis e pondo em risco a segurança alimentar de milhões de pessoas em todo o mundo. Neste texto, discutiremos a forma como as redes neuronais convolucionais (CNN) surgiram como uma ferramenta promissora na deteção precoce e gestão eficaz do míldio da batata. Serão explorados os princípios básicos das CNNs, a sua implementação na agricultura de precisão e a sua capacidade para enfrentar os desafios associados a esta doença.

## Uma breve definição de míldio

O míldio da batata é uma doença fúngica que pode danificar todas as partes da planta da batata, incluindo as folhas, os caules e os tubérculos. Os seus sintomas característicos incluem manchas escuras e húmidas nas folhas, que se propagam gradualmente e podem levar à queda das folhas. Para além dos danos directos nas culturas, a doença pode ter um impacto económico considerável devido à necessidade de medidas de controlo dispendiosas, como a aplicação regular de fungicidas. A prevenção e a gestão eficazes são essenciais para garantir a segurança alimentar e a sustentabilidade da produção de batata a nível mundial (Yuen, 2021; Paluchowska et al., 2022; Gold et al.,2020).

**Redes Neuronais Convolucionais**

As redes neuronais convolucionais são um tipo especializado de modelo de aprendizagem profunda concebido especificamente para a análise de imagens. Estas redes são compostas por camadas de neurónios dispostas em três dimensões: largura, altura e profundidade. Quando uma imagem é introduzida na camada de entrada de uma CNN, passa por uma sequência de camadas convolucionais e de clustering, seguidas de camadas totalmente ligadas, antes de gerar uma saída classificada. A eficácia das CNN baseia-se na sua capacidade de aprender automaticamente características de imagem relevantes, como arestas, texturas e padrões, sem necessidade de extração manual de características (Li et al.,2021; Lindsay et al., 2021).

As redes neuronais convolucionais (CNN) têm uma grande variedade de aplicações na agricultura, que vão desde a deteção de doenças das plantas à monitorização do crescimento das culturas. Especificamente em relação ao míldio da batata, as CNN podem ser treinadas para reconhecer padrões específicos em imagens de plantas afectadas pela doença, facilitando a deteção precoce e precisa (Lindsay et al., 2021).

*Aplicações das redes neurais convolucionais à agricultura.*

Deteção de doenças: As CNN podem ser treinadas utilizando imagens de plantas de batata saudáveis e doentes, o que lhes permite identificar padrões associados ao míldio tardio. Uma vez treinadas, estas redes podem analisar novas imagens e classificar automaticamente se uma planta está ou não infetada, permitindo a deteção precoce e a resposta rápida a surtos de doenças (Chen et al., 2021).

Monitorização do crescimento das culturas: As CNN podem também ser utilizadas para monitorizar o crescimento de culturas de batata e detetar sinais de stress ou doença. Ao analisar imagens de plantas em diferentes fases de desenvolvimento, estas redes podem identificar padrões que indicam um crescimento saudável ou potenciais problemas que requerem atenção (Ilesanmi et al., 2021).

Otimização da utilização dos recursos: Ao fornecer informações pormenorizadas sobre o estado das culturas, as CNN podem ajudar os agricultores a otimizar a utilização de recursos como a água, os fertilizantes e os pesticidas. Ao identificar áreas específicas dos campos que necessitam de tratamento, estas redes podem reduzir o desperdício e minimizar o impacto ambiental da agricultura.

*Treino de redes neuronais convolucionais para a deteção do míldio da batateira*

O processo eficaz de treino de uma CNN para detetar o míldio da batata envolve uma série de etapas fundamentais, incluindo a recolha e preparação de dados, a conceção e configuração da rede e a avaliação e afinação do modelo (Kang et al., 2023; Qi et al., 2023). Estas etapas são descritas em pormenor a seguir:

Recolha e preparação de dados: O primeiro passo é recolher um conjunto de dados de imagens que representem plantas de batata saudáveis e doentes. Estas imagens devem ser de alta qualidade e refletir as condições reais. É crucial rotular cada imagem com a classe correspondente (ou seja, saudável ou doente) para facilitar a formação supervisionada da rede.

Conceção e configuração da rede: Uma vez recolhidos os dados, a CNN é concebida e configurada. Isto implica selecionar a arquitetura de rede adequada, incluindo o número e o tipo de camadas convolucionais, bem como a função de ativação e os parâmetros de regularização. Além disso, são definidos os hiperparâmetros do modelo, como a taxa de aprendizagem e o tamanho do lote, que influenciam o desempenho do modelo e a convergência durante o treino (Qi et al., 2023).

Treino e avaliação do modelo: Uma vez definida a arquitetura da rede e os hiperparâmetros, o modelo é treinado utilizando o conjunto de dados preparado. Durante este processo, a CNN ajusta automaticamente os pesos das ligações entre os neurónios para minimizar uma função de perda que quantifica a discrepância entre as previsões do modelo e as etiquetas reais das imagens. O modelo é então avaliado utilizando um conjunto de dados de teste separado para medir a sua precisão e desempenho na deteção do míldio da batata.

Afinação e otimização do modelo: Caso o modelo não atinja o desempenho desejado durante a avaliação, podem ser feitos ajustes adicionais à arquitetura da rede e aos hiperparâmetros para melhorar o seu desempenho.

Tendo em conta o que precede, vamos implementar um modelo de rede neural convolucional para a deteção do míldio nas culturas de batata.

## Parte II. Desenvolvimento de soluções

Em seguida, crie um novo projeto no bloco de notas

Clique no menu ficheiro, bloco de notas, como mostra a figura 19.

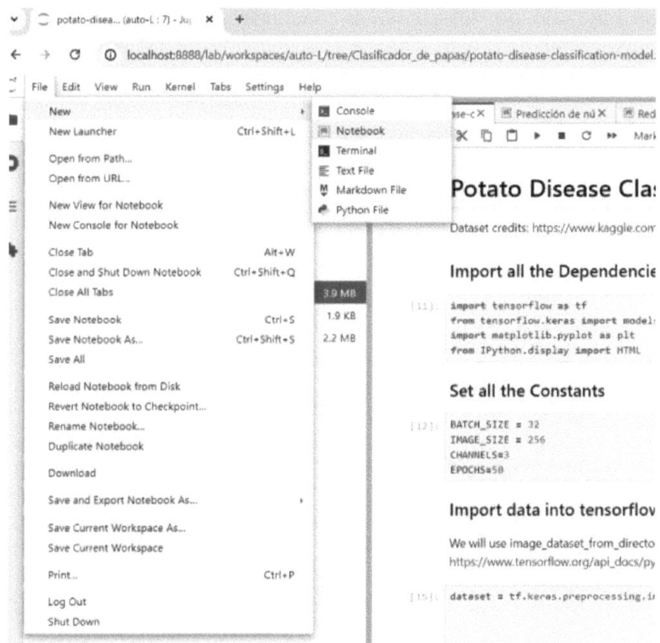

Figura 19, Criação de um novo projeto no Jupyter Notebook

Em seguida, seleccione o Python 3 Kernel, como mostra a Figura 20.

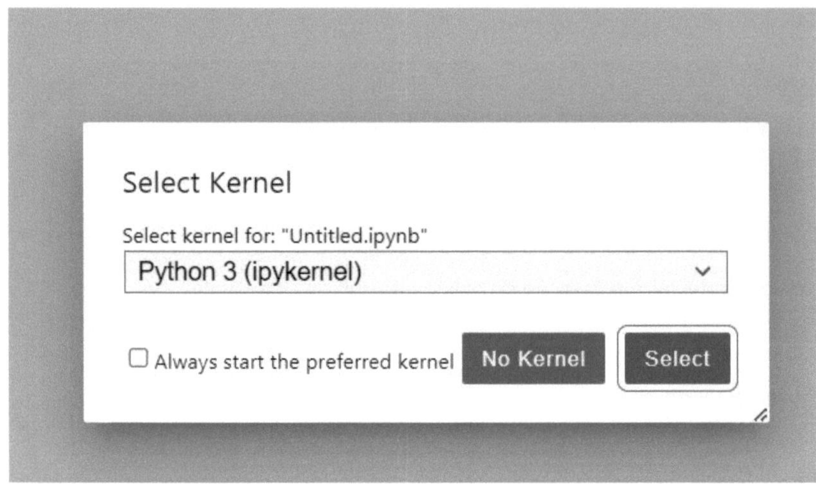


Figura 20: Seleção do núcleo

Este exercício foi adaptado de: https://github.com/codebasics/potato-disease-classification/blob/main/training/potato-disease-classification-model.ipynb

Em seguida, todas as dependências serão importadas, adicione as seguintes linhas de código

```
import tensorflow as tf
from tensorflow.keras import models, layers
import matplotlib.pyplot as plt
```

Clique no botão Executar.

Em seguida, as constantes serão definidas, adicionando as seguintes linhas de código:

```
BATCH_SIZE = 32
IMAGE_SIZE = 256
CHANNELS=3
EPOCHS=50
```

Clique no botão Executar.

Em seguida, importamos os dados para o objeto de conjunto de dados do tensorflow.

Nota: estes dados podem ser descarregados diretamente de https://www.kaggle.com/datasets/aarishasifkhan/plantvillage-potato-disease-dataset.

Para trabalhar diretamente a partir do seu computador, descarregue a partir do sítio Web, de acordo com a ligação acima indicada, como mostra a figura 21.

Figura 21. Descarregamento do conjunto de dados sobre doenças da batata

Em seguida, na pasta onde gere os seus modelos de aprendizagem, adicione a pasta plantvillage, descomprima e copie a pasta potato, como mostra a figura 22.

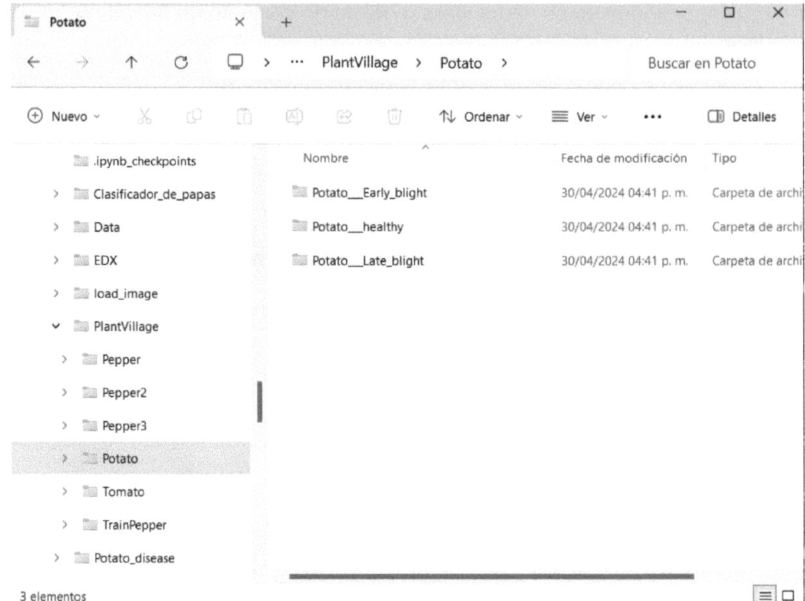



Figura 22. Diretório onde serão armazenadas as imagens para o treino das folhas de batata.

Em seguida, adicione as seguintes linhas de código:

```
dataset = tf.keras.preprocessing.image_dataset_from_directory("/UCordoba/Machine_Learning/PlantVillage/Potato/",
        seed=123,
        shuffle=True,
        image_size = (IMAGE_SIZE,IMAGE_SIZE),
        batch_size = BATCH_SIZE
        )
```

Clique no botão "run" (executar) para carregar as imagens no conjunto de dados. Note que tem de alterar a localização onde tem as imagens armazenadas.

De seguida, vamos analisar as classes que o conjunto de dados definiu. Para tal, adicione as seguintes linhas de código:

```
class_names = dataset.class_names

class_names
```

Clique no botão Executar e deverá obter algo como isto

[Batata___franca precoce', 'Batata___franca tardia', 'Batata___saudável']

São aqui apresentadas três classes, nomeadamente "Batata___Early_blight", "Batata___Late_blight" e "Batata___healthy".

De seguida, vamos visualizar cada elemento do conjunto de dados como uma tupla. O primeiro elemento é um lote de 32 elementos de imagem. O segundo elemento é um lote de 32 elementos de etiqueta de classe.

Adicione as seguintes linhas de código:

```
for image_batch, labels_batch in dataset.take(1):

 print(image_batch.shape)

 print(labels_batch.numpy())
```

Clique no botão Executar, que deve ter o seguinte aspeto:

```
(32, 256, 256, 3)
[1 1 1 0 0 0 0 0 1 1 1 1 0 1 0 1 1 1 0 1 0 1 0 0 1 0 0 1 0 0 1 1 2 0 0]
```

Algumas das imagens do nosso conjunto de dados são apresentadas abaixo.

Adicione as seguintes linhas de código:

```
plt.figure(figsize=(10, 10))

 for image_batch, labels_batch in dataset.take(1):

  for i in range(12):

   ax = plt.subplot(3, 4, i + 1)

   plt.imshow(image_batch[i].numpy().astype("uint8"))

   plt.title(class_names[labels_batch[i]])

   plt.axis("off")
```

Clique no botão Executar, devem aparecer algumas imagens, como mostra a figura 23.

Figura 23. Apresentação das imagens do conjunto de dados

De seguida, define-se a função de divisão do conjunto de dados. O conjunto de dados deve ser dividido em 3 subconjuntos, nomeadamente

- Treino: conjunto de dados a utilizar durante o treino.
- Validação: conjunto de dados a ser testado durante a formação.
- Teste: conjunto de dados a ser testado após a formação de um modelo

Mas primeiro vamos ver alguns valores:

Adicione as seguintes linhas de código:

```
len(dataset)
```

Clique no botão Executar e deverá obter algo como isto:

Adicione as seguintes linhas de código, para definir o tamanho da formação, que neste caso é de 80%.

```
train_size = 0.8
len(dataset)*train_size
```

Clique no botão Executar, que deve ter o seguinte aspeto:

54.400000000000006

Em seguida, adicione as seguintes linhas de código para arredondar os dados de treino

```
train_ds = dataset.take(54)

len(train_ds)
```

Clique no botão Executar, que deve ter o seguinte aspeto:

Em seguida, adicione as seguintes linhas de código, para arredondar os dados de teste

```
test_ds = dataset.skip(54)

len(test_ds)
```

Clique no botão Executar, que deve ter o seguinte aspeto:

Em seguida, adicione as seguintes linhas de código ao tamanho da validação

```
val_size=0.1

len(dataset)*val_size
```

Clique no botão Executar, que deve ter o seguinte aspeto:

6.800000000000001

Em seguida, adicione a seguinte linha de código para o tamanho de validação do conjunto de dados.

```
val_ds = test_ds.take(6)

len(val_ds)
```

Clique no botão Executar, que deve ter o seguinte aspeto:

Em seguida, adicione as seguintes linhas de código para arredondar os dados de teste

```
test_ds = test_ds.skip(6)

len(test_ds)
```

Clicar em executar

Deverá ter um aspeto semelhante ao seguinte:

8

De seguida, vamos particionar o conjunto de dados adicionando as seguintes linhas de código:

```
def get_dataset_partitions_tf(ds, train_split=0.8, val_split=0.1, test_split=0.1,
shuffle=True, shuffle_size=10000):

 assert (train_split + test_split + val_split) == 1


 ds_size = len(ds)


 if shuffle:
  ds = ds.shuffle(shuffle_size, seed=12)


 train_size = int(train_split * ds_size)
 val_size = int(val_split * ds_size)


 train_ds = ds.take(train_size)
 val_ds = ds.skip(train_size).take(val_size)
 test_ds = ds.skip(train_size).skip(val_size)


 return train_ds, val_ds, test_ds
```

Clicar no botão Executar

De seguida, atribuiremos aos dados de treino, teste e validação a função de particionamento, adicionando as seguintes linhas de código:

```
train_ds, val_ds, test_ds = get_dataset_partitions_tf(dataset)
```

Clicar no botão Executar

De seguida, vamos mostrar o tamanho dos dados de treino de acordo com a função de particionamento, adicionando a seguinte linha de código:

```
len(train_ds)
```

Clique no botão Executar, que deve ter o seguinte aspeto:


Vamos fazer o mesmo com os dados de validação, adicionando a seguinte linha de código:

```
len(val_ds)
```

Clique no botão Executar, que deve ter o seguinte aspeto:


Da mesma forma, para os dados de teste, adicione a seguinte linha de código:

```
len(test_ds)
```

Clique no botão Executar, que deve ter o seguinte aspeto:

8


O conjunto de dados será então armazenado em cache, baralhado e pré-capturado.

Adicione as seguintes linhas de código:

```
train_ds = train_ds.cache().shuffle(1000).prefetch(buffer_size=tf.data.AUTOTUNE
val_ds = val_ds.cache().shuffle(1000).prefetch(buffer_size=tf.data.AUTOTUNE)
test_ds = test_ds.cache().shuffle(1000).prefetch(buffer_size=tf.data.AUTOTUNE)
```

Clique no botão Executar.


Construir o modelo. A primeira coisa a fazer é criar uma camada de redimensionamento e normalização. Antes de enviar as nossas imagens para a rede, devemos redimensioná-las para o tamanho desejado. Além disso, para melhorar o desempenho do modelo, devemos normalizar o valor dos pixels da imagem (mantendo-os no intervalo 0 e 1, dividindo-os por 256). Isto deve acontecer tanto durante o treino como durante a inferência. Por conseguinte, podemos adicioná-lo como uma camada no nosso modelo sequencial.

Pode estar a perguntar-se por que razão devemos redimensionar a imagem de volta para (256,256) se ela já tem esse tamanho. Tem razão, não é estritamente necessário fazê-lo, mas será útil quando terminarmos o processo de treino e começarmos a utilizar o modelo para fazer previsões. Nessa altura, pode acontecer que alguém forneça uma imagem que não tenha a dimensão (256,256), e esta camada de redimensionamento encarregar-se-á de a ajustar a esse tamanho.

Em seguida, adicione as seguintes linhas de código:

```
data_augmentation = tf.keras.Sequential([

 layers.experimental.preprocessing.RandomFlip("horizontal_and_vertical"),

 layers.experimental.preprocessing.RandomRotation(0.2),

])
```

Clique no botão Executar.

De seguida, vamos aplicar o aumento de dados ao conjunto de dados de treino, adicionando as seguintes linhas de código:

```
train_ds = train_ds.map(

 lambda x, y: (data_augmentation(x, training=True), y)

).prefetch(buffer_size=tf.data.AUTOTUNE)
```

Clique no botão Executar.

Para a arquitetura do modelo, é utilizada uma CNN juntamente com uma função de ativação Softmax na camada de saída. Também adicionamos as camadas iniciais para redimensionamento, normalização e aumento de dados.

Em seguida, adicione as seguintes linhas de código:

```python
input_shape = (BATCH_SIZE, IMAGE_SIZE, IMAGE_SIZE, CHANNELS)
n_classes = 3 # Para nuestro caso, son tres clases


model = models.Sequential([
resize_and_rescale,
layers.Conv2D(32, kernel_size = (3,3), activation='relu', input_shape=input_shape
layers.MaxPooling2D((2, 2)),
layers.Conv2D(64, kernel_size = (3,3), activation='relu'),
layers.MaxPooling2D((2, 2)),
layers.Conv2D(64, kernel_size = (3,3), activation='relu'),
layers.MaxPooling2D((2, 2)),
layers.Conv2D(64, (3, 3), activation='relu'),
layers.MaxPooling2D((2, 2)),
layers.Conv2D(64, (3, 3), activation='relu'),
layers.MaxPooling2D((2, 2)),
layers.Conv2D(64, (3, 3), activation='relu'),
layers.MaxPooling2D((2, 2)),
layers.Flatten(),
layers.Dense(64, activation='relu'),
layers.Dense(n_classes, activation='softmax'),
])
```

Clique no botão Executar.

Em seguida, adicione a seguinte linha de código, para ver o resumo do modelo:

```python
model.summary()
```

Clique no botão Executar, que deve ter o seguinte aspeto:

Modelo: "sequential_2"

| Camada (tipo) | Forma de saída | Parâmetro # |
| --- | --- | --- |
| sequencial (Sequential) | (32, 256, 256, 3) | 0 |

conv2d (Conv2D) (32, 254, 254, 32) 896

max_pooling2d (MaxPooling2 (32, 127, 127, 32) 0
D)

conv2d_1 (Conv2D) (32, 125, 125, 64) 18496

max_pooling2d_1 (MaxPoolin (32, 62, 62, 64) 0
g2D)

conv2d_2 (Conv2D) (32, 60, 60, 64) 36928

max_pooling2d_2 (MaxPoolin (32, 30, 30, 64) 0
g2D)

conv2d_3 (Conv2D) (32, 28, 28, 64) 36928

max_pooling2d_3 (MaxPoolin (32, 14, 14, 64) 0
g2D)

conv2d_4 (Conv2D) (32, 12, 12, 64) 36928

max_pooling2d_4 (MaxPoolin (32, 6, 6, 64) 0
g2D)

conv2d_5 (Conv2D) (32, 4, 4, 64) 36928

max_pooling2d_5 (MaxPoolin (32, 2, 2, 64) 0
g2D)

achatar (achatar) (32, 256) 0

denso (Dense) (32, 64) 16448

dense_1 (Densa) (32, 3) 195

=================================================================
Total de parâmetros: 183747 (717.76 KB)
Parâmetros treináveis: 183747 (717.76 KB)
Parâmetros não treináveis: 0 (0,00 Byte)

---

Em seguida, vamos compilar o modelo, para o efeito utilizamos o Adam Optimizer, SparseCategoricalCrossentropy para perdas, precisão como métrica.

Adicione as seguintes linhas de código:

```python
model.compile(
optimizer='adam',
loss=tf.keras.losses.SparseCategoricalCrossentropy(from_logits=False),
metrics=['accuracy']
)
```

Clique no botão Executar.

De seguida, vamos treinar o modelo, adicionando as seguintes linhas de código:

```python
history = model.fit(
train_ds,
batch_size=BATCH_SIZE,
validation_data=val_ds,
verbose=1,
epochs=50,
)
```

Clique no botão Executar, que deve ter o seguinte aspeto:

```
Época 1/50
54/54 [==============================] - 54s 985ms/passo - perda: 0.0
296 - precisão: 0.9896 - val_loss: 0.0206 - val_accuracy: 0.9948
Época 2/50
54/54 [==============================] - 27s 484ms/passo - perda: 0.0
200 - precisão: 0.9954 - val_loss: 0.3306 - val_accuracy: 0.9375
Época 3/50
54/54 [==============================] - 24s 447ms/passo - perda: 0.0
180 - precisão: 0.9936 - val_loss: 0.2203 - val_accuracy: 0.9479
Época 4/50
54/54 [==============================] - 27s 502ms/passo - perda: 0.0
170 - precisão: 0.9942 - val_loss: 0.0328 - val_accuracy: 0.9844
Época 5/50
54/54 [==============================] - 28s 514ms/passo - perda: 0.0
241 - precisão: 0.9902 - val_loss: 0.0274 - val_accuracy: 0.9896
Época 6/50
54/54 [==============================] - 29s 540ms/passo - perda: 0.0
333 - precisão: 0.9896 - val_loss: 0.3130 - val_accuracy: 0.9167
.

.

.
```

Época 49/50
54/54 [==============================] - 32s 597ms/passo - perda: 0.0
080 - precisão: 0.9971 - val_loss: 0.0128 - val_accuracy: 1.0000
Época 50/50
54/54 [==============================] - 32s 597ms/passo - perda: 0.0
202 - precisão: 0.9954 - val_loss: 0.0012 - val_accuracy: 1.0000

[49]:
pontuações = model.evaluate(test_ds)

Como se pode ver, é obtida uma precisão de 100,00% para o nosso conjunto de dados de teste. Esta é considerada uma precisão bastante boa.


De seguida, apresentamos a pontuação do treino adicionando a seguinte linha de código:

```
scores
```

Clique no botão Executar, que deve ter o seguinte aspeto:

[0.040544070303440094, 0.99609375]


As pontuações são apenas uma lista que contém valores de perda e precisão.

De seguida, vamos visualizar as curvas de precisão e de perda, adicionando a seguinte linha de código:

```
history
```

Clicar no botão Executar

De seguida, vamos mostrar os parâmetros do histórico, adicionando a seguinte linha de código:

```
history.params
```

Clique no botão Executar, que deve ter o seguinte aspeto:

{'verbose': 1, 'epochs': 50, 'steps': 54}


Em seguida, adicione a seguinte linha de código:

```
history.history.keys()
```

Clique no botão Executar, que deve ter o seguinte aspeto:

dict_keys(['loss', 'accuracy', 'val_loss', 'val_accuracy'])

O resultado apresenta a perda, a precisão, a perda de valor, entre outros. são uma lista Python contendo valores para perda, precisão, etc. no final de cada época.

Em seguida, adicione a seguinte linha de código:

```
type(history.history['loss'])
```

Clique no botão Executar, que deve ter o seguinte aspeto:

lista

Em seguida, adicione a seguinte linha de código ao número de perdas

```
len(history.history['loss'])
```

Clique no botão Executar, que deve ter o seguinte aspeto:

50

Em seguida, adicione a seguinte linha de código, para mostrar a perda das primeiras cinco épocas

```
history.history['loss'][:5] # show loss for first 5 epochs
```

Clique no botão Executar, que deve ter o seguinte aspeto:

```
[0.02961837127804756,
 0.020013125613331795,
 0.018016580492258072,
 0.016978314146399498,
 0.024131562560796738]
```

De seguida, vamos calcular a precisão e a perda dos dados de validação. Adicione as seguintes linhas de código:

```
acc = history.history['accuracy']

val_acc = history.history['val_accuracy']


loss = history.history['loss']

val_loss = history.history['val_loss']
```

Clique no botão executar.

De seguida, vamos visualizar as curvas de treino e validação para precisão e perda. Adicione as seguintes linhas de código:

```
plt.figure(figsize=(8, 8))

plt.subplot(1, 2, 1)

plt.plot(range(EPOCHS), acc, label='Training Accuracy')

plt.plot(range(EPOCHS), val_acc, label='Validation Accuracy')

plt.legend(loc='lower right')

plt.title('Training and Validation Accuracy')


plt.subplot(1, 2, 2)

plt.plot(range(EPOCHS), loss, label='Training Loss')

plt.plot(range(EPOCHS), val_loss, label='Validation Loss')

plt.legend(loc='upper right')

plt.title('Training and Validation Loss')

plt.show()
```

Clique no botão "Run" (Executar), que deve ter um aspeto semelhante ao mostrado na figura 24.

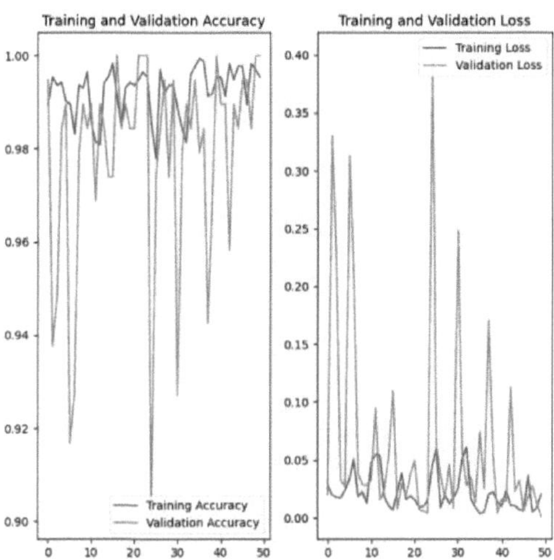

Figura 24. Curvas de perdas e de validação na formação

De seguida, vamos apresentar uma imagem de teste, adicionando as seguintes linhas de código:

```python
import numpy as np
for images_batch, labels_batch in test_ds.take(1):


    first_image = images_batch[0].numpy().astype('uint8')
    first_label = labels_batch[0].numpy()


    print("first image to predict")
    plt.imshow(first_image)
    print("actual label:",class_names[first_label])


    batch_prediction = model.predict(images_batch)
    print("predicted label:",class_names[np.argmax(batch_prediction[0])])
```

Clique no botão "Run" (Executar), que deve ter um aspeto semelhante ao mostrado na figura 25.

primeira imagem a prever
Etiqueta atual: Potato___Early_blight

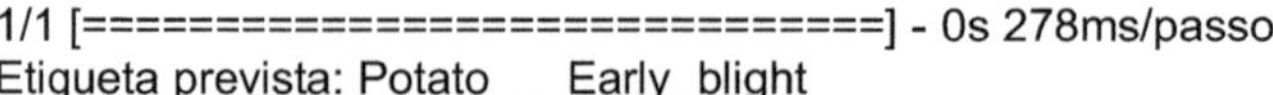


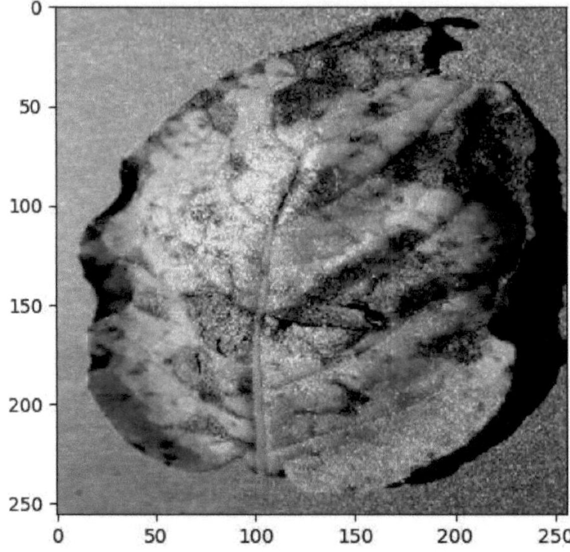


Figura 25. Primeira imagem do preditor.

De seguida, vamos escrever a função de inferência do modelo. Adicione as seguintes linhas de código:

```python
def predict(model, img):
 img_array = tf.keras.preprocessing.image.img_to_array(images[i].numpy())
 img_array = tf.expand_dims(img_array, 0)


 predictions = model.predict(img_array)


 predicted_class = class_names[np.argmax(predictions[0])]
 confidence = round(100 * (np.max(predictions[0])), 2)
 return predicted_class, confidence
```

Clique no botão Executar.

De seguida, testaremos o modelo com um determinado número de imagens, o que nos permitirá prever o estado de saúde das folhas de batata.

Adicione as seguintes linhas de código:

```python
plt.figure(figsize=(15, 15))

for images, labels in test_ds.take(1):

 for i in range(9):

 ax = plt.subplot(3, 3, i + 1)

 plt.imshow(images[i].numpy().astype("uint8"))


 predicted_class, confidence = predict(model, images[i].numpy())

 actual_class = class_names[labels[i]]


 plt.title(f"Actual: {actual_class},\n Predicted: {predicted_class}.\n Confidence: {confidence}%")


 plt.axis("off")
```

Clique no botão "Run" (Executar), que deve ter um aspeto semelhante ao mostrado na figura 26.

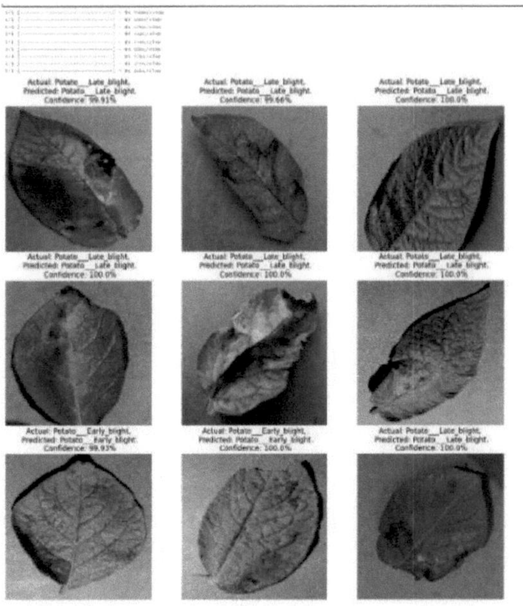

Figura 26. Previsão do estado de saúde das folhas de batata.

Por fim, guardaremos o modelo para utilização posterior numa aplicação Web ou móvel.

Adicione as seguintes linhas de código:

```
import os
model_version=max([int(i) for i in
os.listdir("/UCordoba/Machine_Learning/Clasificador_de_papas/models/") + [0]])+1
model.save(f"/UCordoba/Machine_Learning/Clasificador_de_papas/models/{model__version}")
```

Clique no botão Executar.

Para as linhas de código anteriores, o objetivo é criar iterativamente pastas que guardem a versão do modelo. Ou seja, cada vez que se actualizam as épocas do modelo, é criada uma nova versão, como mostra a Figura 27.

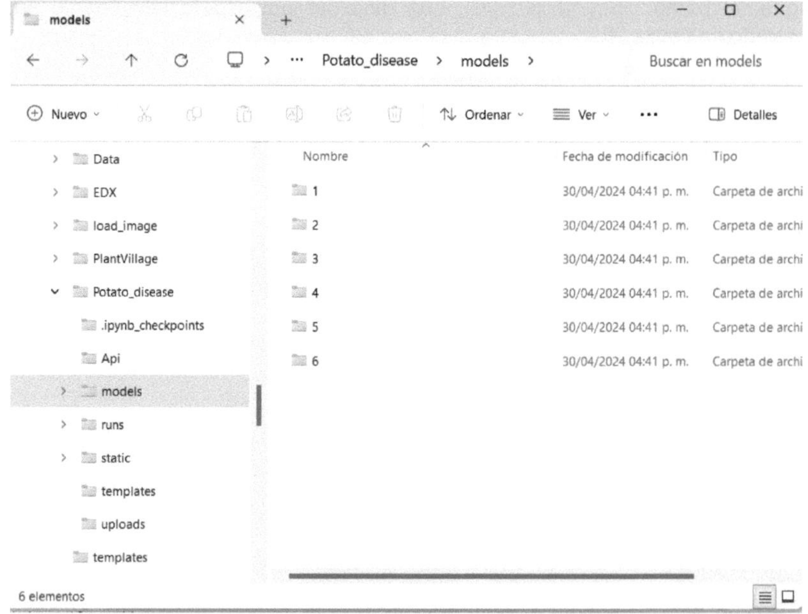

Figura 27. Modelos armazenados.

Como se pode ver na Figura 27, sempre que actualizamos ou executamos novas épocas no modelo, este armazena a versão de cada época.

No caso de necessitar apenas da versão mais recente, pode fazê-lo adicionando o seguinte código:

```
model.save("/UCordoba/Machine_Learning/Clasificador_de_papas/potatoes.h5")
```

Clique no botão "Run" (Executar), o que permitirá armazenar o modelo treinado.

Se quiser aceder ao código deste guia, vá a esta ligação:

https://github.com/jeliecergomez/Machine_Learning/blob/main/Potato_disease/
Training.ipynb

## Desenvolvimento de aplicações Web em Flask

Para utilizar o modelo pré-treinado, vamos desenvolver uma aplicação Web que utiliza o modelo, carrega a imagem, faz a previsão e apresenta a imagem prevista na página Web.

Inicialmente, vamos instalar o servidor Python Flask, que permite criar servidores sem tantas complicações.

Para isso, é necessário instalar o pacote Flask. Em seguida, vá para as linhas de comando no Windows, como mostrado na figura 28, e digite o seguinte comando:

```
pip install flask
```

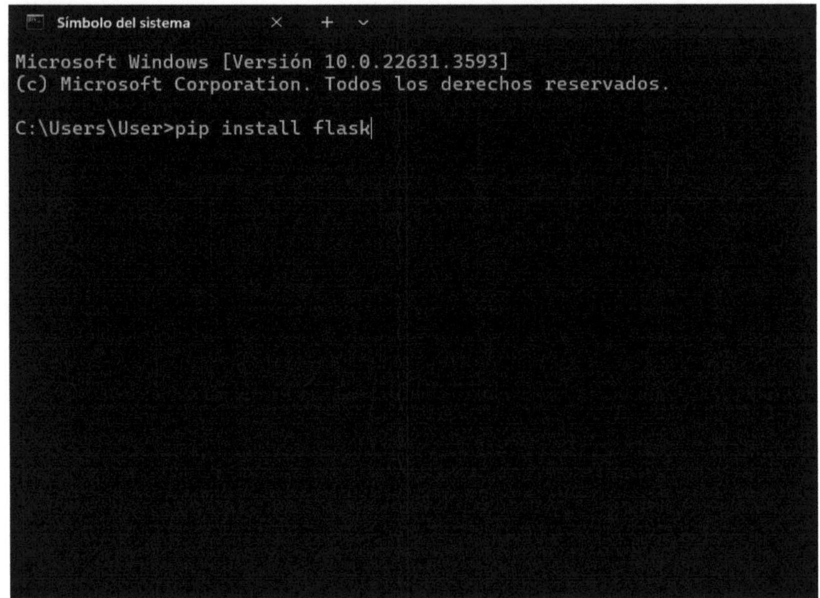



Figura 28. Linha de comando para instalar o Flask


Para o funcionamento do servidor e das aplicações, é necessária a seguinte estrutura de directórios, conforme ilustrado na Figura 29.

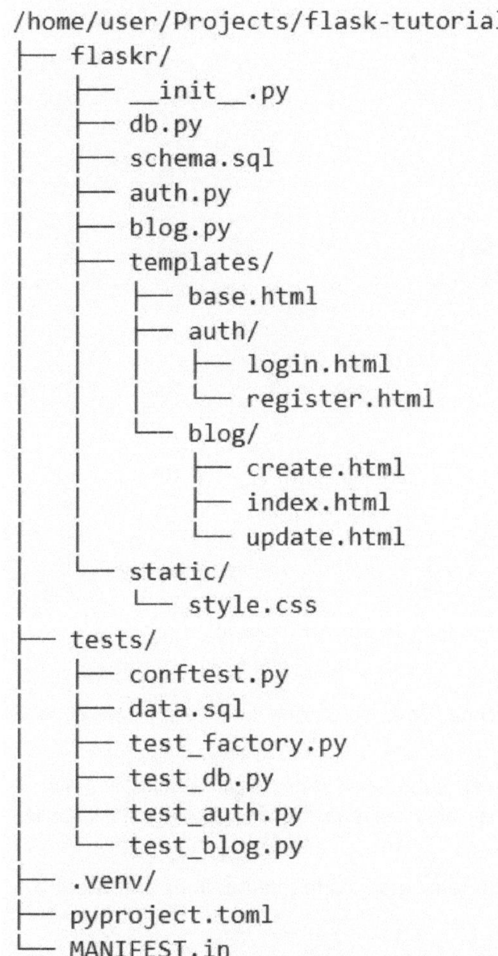

```
/home/user/Projects/flask-tutorial
├── flaskr/
│   ├── __init__.py
│   ├── db.py
│   ├── schema.sql
│   ├── auth.py
│   ├── blog.py
│   ├── templates/
│   │   ├── base.html
│   │   ├── auth/
│   │   │   ├── login.html
│   │   │   └── register.html
│   │   └── blog/
│   │       ├── create.html
│   │       ├── index.html
│   │       └── update.html
│   └── static/
│       └── style.css
├── tests/
│   ├── conftest.py
│   ├── data.sql
│   ├── test_factory.py
│   ├── test_db.py
│   ├── test_auth.py
│   └── test_blog.py
├── .venv/
├── pyproject.toml
└── MANIFEST.in
```

Figura 29. Estrutura de directórios para o Flask

Para o caso deste projeto, no diretório raiz, colocaremos o ficheiro do modelo pré-treinado chamado potatoes.h5.

O nosso diretório será organizado da seguinte forma, como mostra a figura 30.

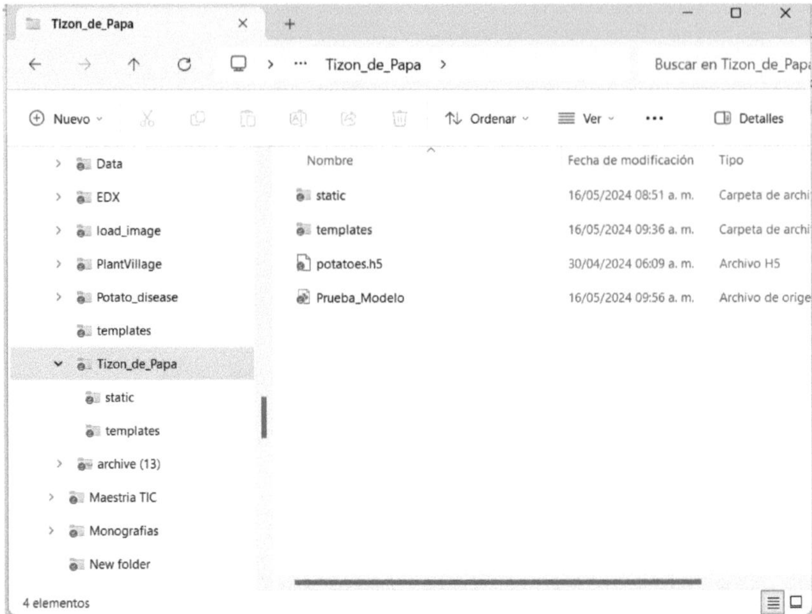

Figura 30. Diretório do servidor Web de seleção de folhas de batateira.

Como se pode ver na figura acima, deve ser criada uma pasta com o nome Tizon_de_Papa

Na pasta Tizon_de_Papa, crie as subpastas static, que permitirão alojar as imagens que são carregadas a partir da sua invocação para as visualizar posteriormente na página Web.

Da mesma forma, crie a subpasta templates, onde guardaremos o index.html.

Uma vez criados estes directórios, passamos a codificar as instruções para aceder ao servidor e implementar a aplicação Web. Em seguida, abrimos o Visual Code Studio para criar o código que nos permitirá executar o sítio Web. Clique em file -> new file, e guarde no caminho de Tizon_de_Papa o nome do ficheiro Prueba modelo e clique em create new file, como mostra a figura 31.

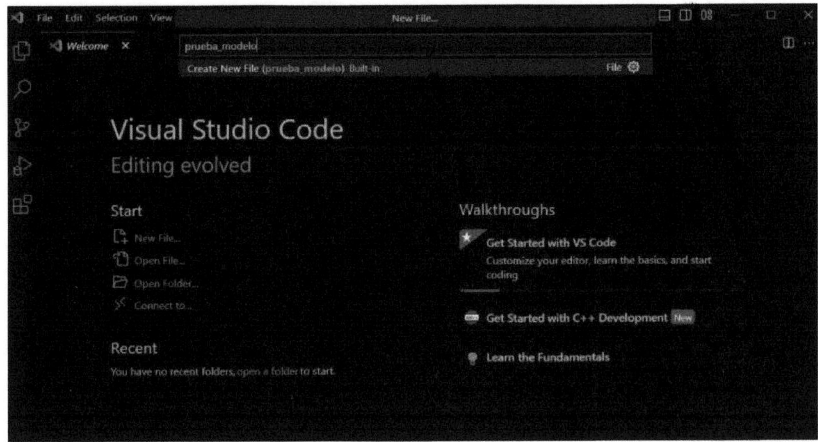

Figura 31. Criar a aplicação do servidor


Em seguida, coloque o ficheiro na pasta acima mencionada, como mostra a figura 32.

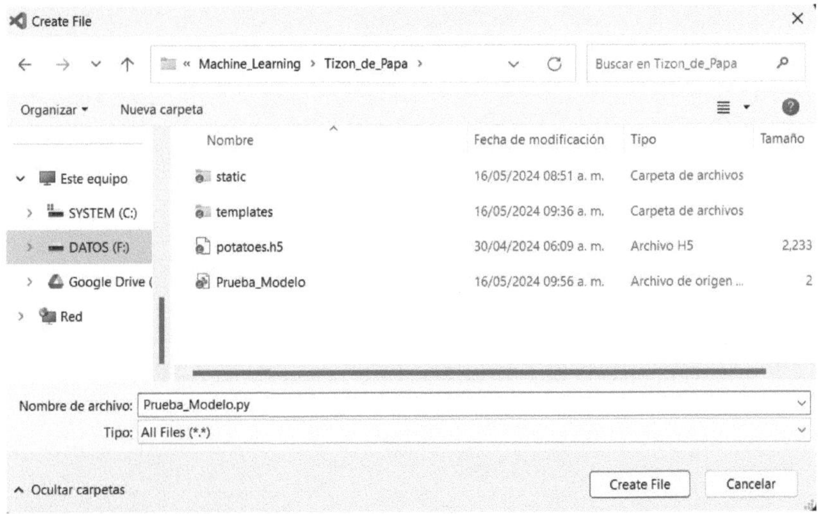

Figura 32: Guardar o modelo

Em seguida, no corpo do texto do ficheiro, adicione as seguintes linhas de código:

```python
# Import necessary libraries
from flask import Flask, render_template, request
from keras.models import load_model
from PIL import Image
import numpy as np


# Initialize Flask app
app = Flask(__name__)

# Load pre-trained model
model = load_model('/UCordoba/Machine_Learning/Potato_disease/potatoes.h5'

# Define function to preprocess image
def preprocess_image(image_path):
 img = Image.open(image_path)
 img = img.resize((256, 256)) # Resize image to match model input shape
 img_array = np.array(img) / 255.0 # Normalize pixel values
 img_array = np.expand_dims(img_array, axis=0) # Add batch dimension
 return img_array

# Define function to make prediction
def predict_image(image_path):
 img_array = preprocess_image(image_path)
 prediction = model.predict(img_array)
 classes = ["Early Blight", "Late Blight", "Healthy"]
 predicted_class = classes[np.argmax(prediction)]
 return predicted_class


# Define route for home page
@app.route('/', methods=['GET', 'POST'])
def home():
 if request.method == 'POST':
  if 'file' not in request.files:
   return render_template('index.html', error="No file part")
  file = request.files['file']
  if file.filename == '':
   return render_template('index.html', error="No selected file")
  if file:
   # Save uploaded image
   image_path = "/UCordoba/Machine_Learning/Potato_disease/static/" + file.filename
   file.save(image_path)
   # Make prediction
# Run Flask app
if __name__ == '__main__':
 app.run(debug=True)
```

**Nota**: para evitar problemas ao carregar o modelo como indicado na linha seguinte:

```python
# Load pre-trained model
model =load_model('/UCordoba/Machine_Learning/Potato_disease/potatoes.h5')
```

Acrescentar a seguinte instrução:

```python
# Load pre-trained model
model =load_model('/UCordoba/Machine_Learning/Potato_disease/potatoes.h5',
compile=False)
```

Desta forma, poderá executar o script sem qualquer problema.

A linha para carregar o modelo pré-treinado, substitui a localização do ficheiro popatoes.h5, que tem no seu computador.

```python
# Load pre-trained model
model =load_model('/UCordoba/Machine_Learning/Potato_disease/potatoes.h5')
```

Da mesma forma, altere a localização com a localização correspondente no seu computador na linha:

```python
image_path = "/UCordoba/Machine_Learning/Potato_disease/static/" + file.filename
```

da função de definição de itinerário para o sítio Web

```python
# Define route for home page
@app.route('/', methods=['GET', 'POST'])
def home():
 if request.method == 'POST':
  if 'file' not in request.files:
   return render_template('index.html', error="No file part")
  file = request.files['file']
  if file.filename == '':
   return render_template('index.html', error="No selected file")
  if file:
   # Save uploaded image
   image_path = "/UCordoba/Machine_Learning/Potato_disease/static/" + file.filename

   file.save(image_path)
   # Make prediction
   prediction = predict_image(image_path)
   return render_template('index.html', prediction=prediction, filenamex=file.filename,
imagepath=image_path)
 return render_template('index.html')
```

Uma vez efectuadas as alterações, clique em guardar, como mostra a figura 33.

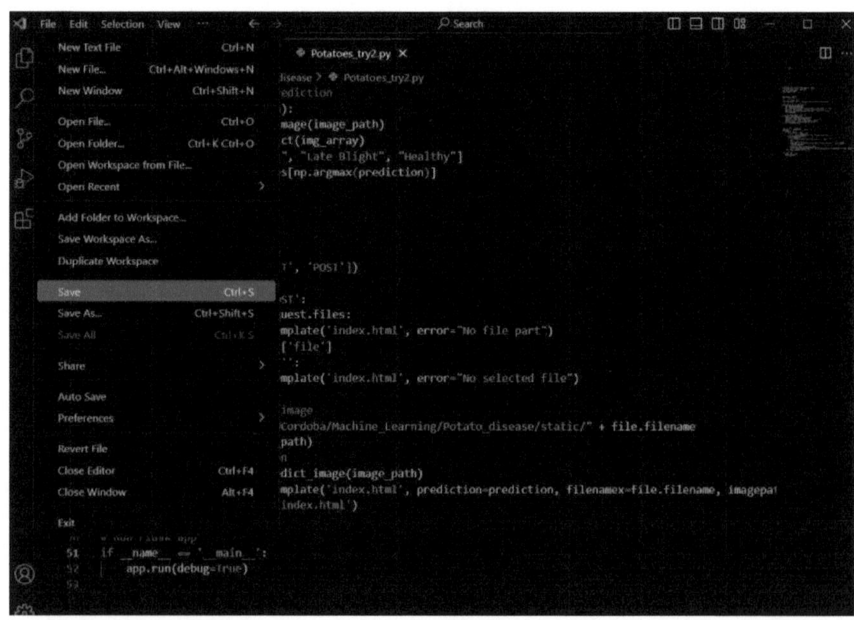

Figura 33: Guardar a aplicação.

Em seguida, vamos criar a página Web, com um ficheiro chamado index.html

Clique novamente em file -> new file in visual studio code, como mostra a figura 34.

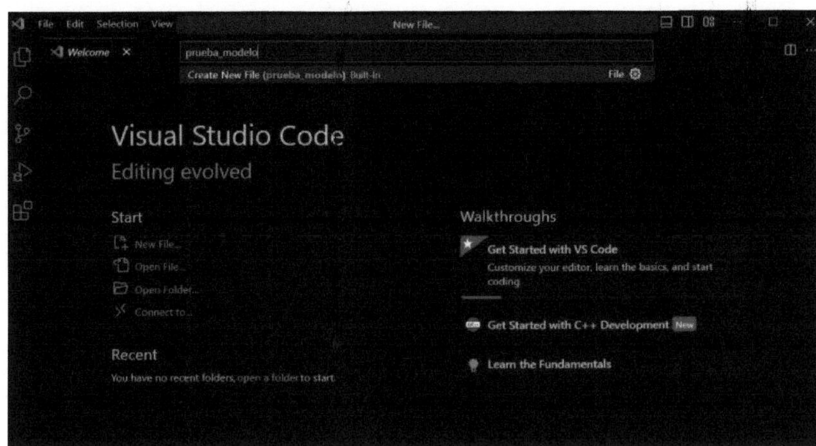

Figura 34: Guardar a página Web

Em seguida, clique em Criar novo ficheiro e guarde o ficheiro index.html na pasta de modelos, como mostra a Figura 35.

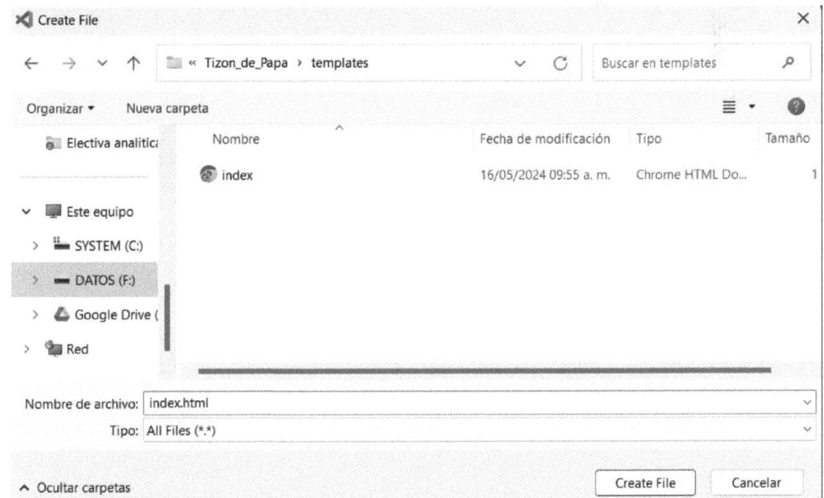

Figura 35. Guardar a página index.html na pasta de modelos.

Em seguida, clique no botão "Criar".

Em seguida, copie este código para o corpo do ficheiro

```html
<!DOCTYPE html>
<html lang="en">
<head>
 <meta charset="UTF-8">
 <meta name="viewport" content="width=device-width, initial-scale=1.0">
 <title>Clasificador de Imagenes de papa</title>
</head>
<body>
 <h1>Clasificador de Imagenes de papa</h1>
{% if prediction %}
 <h2>Resultado para la imagen: {{ filenamex }}: {{ prediction }}</h2>
 <h2>

 <img src= "{{url_for('static', filename=filenamex)}}" alt="Prediccion de imagen: {{ prediction }}"
style="max-width: 500px"/>
 <h3>
 Prediccion: {{ prediction }}
 </h3>

 </h2>
{% endif %}
<form method="post" enctype="multipart/form-data">
 <input type="file" name="file">
 <input type="submit" value="Cargar">
</form>
{% if error %}
 <p>{{ error }}</p>
{% endif %}
</body>
</html>
```

Em seguida, prima a tecla Ctrl+S para guardar o ficheiro.

De seguida, vamos executar a aplicação web, para isso entramos na linha de comandos e damos a seguinte instrução, como mostra a figura 36.

Figura 36. Execução da aplicação Web.

É necessário escrever na linha de comando:

```
python Prueba_Modelo.py
```

Uma vez executada a aplicação, esta deve ter um aspeto semelhante ao mostrado na figura 37.

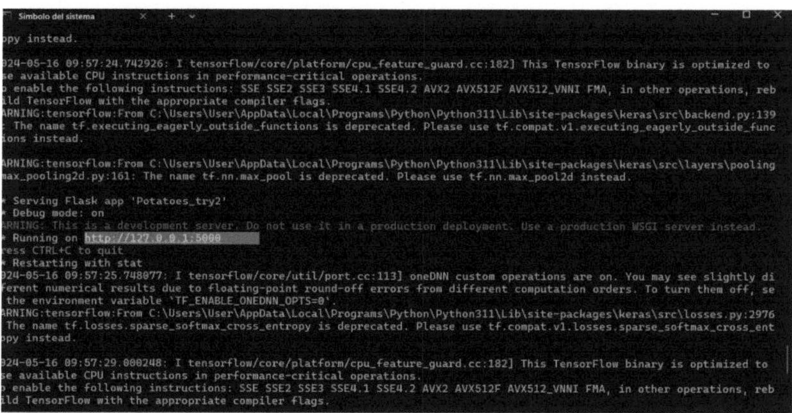

Figura 37: Servidor implantado

Copiar o endereço http://127.0.0.1:5000 no seu browser

Deverá obter algo como mostrado na figura 38.

Figura 38. Implementação da aplicação Web no browser.

Em seguida, clique no botão selecionar ficheiro.

De seguida, escolha uma das pastas que contém as três classificações de folhas de batata, como mostra a figura 39.

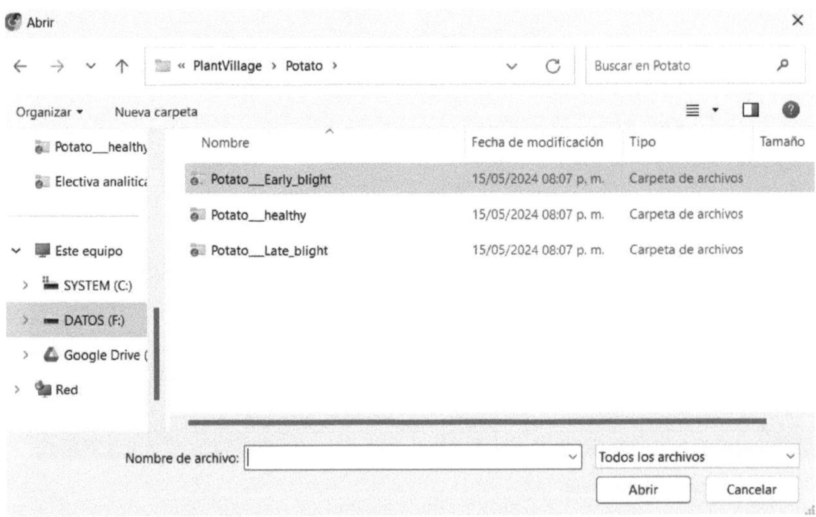


Figura 39. Diretório com imagens de tipos de folhas de batata.

Depois de ter decidido escolher o diretório e selecionado a imagem, como mostra a figura 40.

68

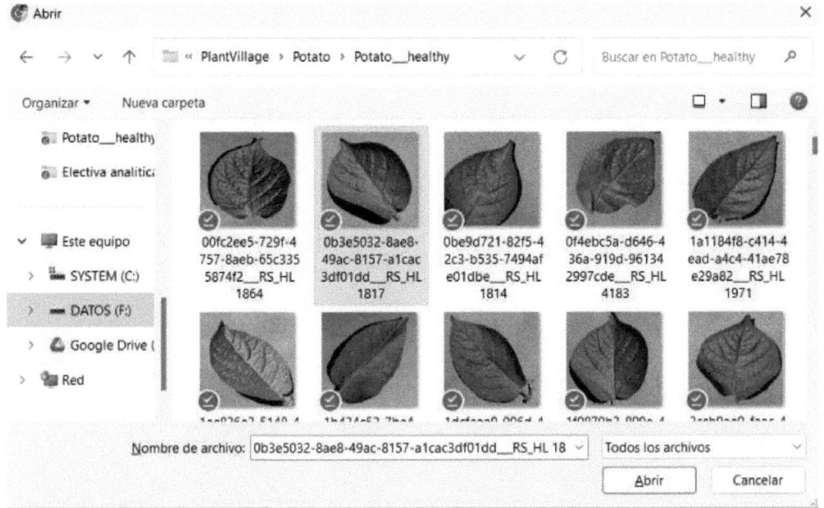

Figura 40: Seleção de imagens.

Clique em abrir.

Em seguida, clique no botão carregar e a previsão da imagem com o respetivo estado de saúde previsto deve aparecer, como mostram as figuras 41, 42 e 43.

# Clasificador de Imagenes de papa

**Resultado para la imagen: 1b434c52-7be4-40c4-90d5-13220f1a3eba___RS_HL 5418.JPG: Healthy**

**Prediccion: Healthy**

Seleccionar archivo | Ningún archivo seleccionado | Cargar

Figura 41. Imagem saudável

**Clasificador de Imagenes de papa**

Resultado para la imagen: 0a6983a5-895e-4e68-9edb-88adf79211e9___RS_Early.B 9072.JPG: Early Blight

Figura 42. Imagem de doença precoce



**Clasificador de Imagenes de papa**

Resultado para la imagen: 1cffe6a1-6fb3-4506-846c-478148a2b678___RS_LB 4380.JPG: Late Blight

Figura 43: Imagem completamente doente.

O projeto completo pode ser descarregado a partir de:

https://github.com/jeliecergomez/Machine_Learning/tree/main/Tizon_Papa

Atividade.

Descarregue o conjunto de dados do pepper no sítio Web do Kaggle e treine o modelo seguindo o guia acima.

Fim do guia

**Referências**

Park, Y. S., & Lek, S. (2016). Redes neurais artificiais: Multilayer perceptron para modelagem ecológica. Em Desenvolvimentos em modelagem ambiental (Vol. 28, pp. 123-140). Elsevier.

Ma, Z., & Mei, G. (2021). Aprendizagem profunda para análise de riscos geológicos: dados, modelos, aplicações e oportunidades. Revisões de Ciências da Terra, 223, 103858.

Goldberg, Y. (2016). Uma cartilha sobre modelos de redes neurais para processamento de linguagem natural. Journal of Artificial Intelligence Research, 57, 345-420.

Acharya, U. R., Oh, S. L., Hagiwara, Y., Tan, J. H., Adam, M., Gertych, A., & San Tan, R. (2017). Um modelo de rede neural convolucional profunda para classificar os batimentos cardíacos. Computadores em biologia e medicina, 89, 389-396.

Grossberg, S., & Merrill, J. W. (1992). Um modelo de rede neural de aprendizagem por reforço temporizado adaptativo e dinâmica hipocampal. Cognitive brain research, 1(1), 3-38.

Nagabandi, A., Kahn, G., Fearing, R. S., & Levine, S. (2018, maio). Dinâmica de rede neural para aprendizado por reforço profundo baseado em modelo com ajuste fino sem modelo. Na conferência internacional IEEE de 2018 sobre robótica e automação (ICRA) (pp. 7559-7566). IEEE.

Canziani, A., Paszke, A., & Culurciello, E. (2016). Uma análise de modelos de redes neurais profundas para aplicações práticas. arXiv preprint arXiv:1605.07678.

Schmidhuber, J. (2015). Aprendizagem profunda em redes neurais: uma visão geral. Redes neurais, 61, 85-117.

Nielsen, M. A. (2015). Redes neurais e aprendizagem profunda (Vol. 25, pp. 15-24). São Francisco, CA, EUA: Determination press.

Montesinos López, O. A., Montesinos López, A., & Crossa, J. (2022). Fundamentos de redes neurais artificiais e aprendizagem profunda. Em Métodos de aprendizado de máquina estatística multivariada para previsão genômica (pp. 379-425). Cham: Springer International Publishing.

Baldi, P., Sadowski, P., & Lu, Z. (2018). Aprendizagem na máquina: retropropagação aleatória e o canal de aprendizagem profunda. Inteligência artificial, 260, 1-35.

Cilimkovic, M. (2015). Redes neurais e algoritmo de propagação de volta. Instituto de Tecnologia de Blanchardstown, Blanchardstown Road North Dublin, 15(1).

Liao, R., Xiong, Y., Fetaya, E., Zhang, L., Yoon, K., Pitkow, X., ... & Zemel, R. (2018, julho). Revivendo e melhorando a retropropagação recorrente. Na Conferência Internacional sobre Aprendizado de Máquina (pp. 3082-3091). PMLR.

Hecht-Nielsen, R. (1992). Teoria da rede neural backpropagation. Em Neural networks for perception (pp. 65-93). Academic Press.

Badr, A. (2021). Paradigma incrível de aprendizado de máquina de retropropagação. Neural Computing and Applications, 33(20), 13225-13249.

Ozanich, E., Gerstoft, P., & Niu, H. (2020). Uma rede neural feedforward para estimativa de direção de chegada. The journal of the acoustical society of America, 147(3), 2035-2048.

Khan, J., Lee, E., & Kim, K. (2023). Um algoritmo de filtro alfa-beta baseado em maior precisão de previsão usando a rede neural artificial feedforward. CAAI Transactions on Intelligence Technology, 8(4), 1124-1139.

Yuen, J. (2021). Agentes patogénicos que ameaçam a segurança alimentar: Phytophthora infestans, o agente patogénico da requeima da batata. Segurança Alimentar, 13(2), 247-253.

Paluchowska, P., Śliwka, J., & Yin, Z. (2022). Genes de resistência à requeima no melhoramento da batata. Planta, 255(6), 127.

Gold, K. M., Townsend, P. A., Herrmann, I., & Gevens, A. J. (2020). Investigando as diferenças fisiológicas da requeima da batata entre as cultivares de batata com espetroscopia e aprendizado de máquina. Ciência das Plantas, 295, 110316.

Li, Z., Liu, F., Yang, W., Peng, S., & Zhou, J. (2021). Uma pesquisa de redes neurais convolucionais: análise, aplicações e perspectivas. Transacções IEEE sobre redes neurais e sistemas de aprendizagem, 33(12), 6999-7019.

Lindsay, G. W. (2021). Redes neurais convolucionais como um modelo do sistema visual: passado, presente e futuro. Jornal de neurociência cognitiva, 33(10), 2017-2031.

Chen, L., Li, S., Bai, Q., Yang, J., Jiang, S., & Miao, Y. (2021). Revisão dos algoritmos de classificação de imagens baseados em redes neurais convolucionais. Sensoriamento Remoto, 13(22), 4712.

Ilesanmi, A. E., & Ilesanmi, T. O. (2021). Métodos para denoising de imagens usando rede neural convolucional: uma revisão. Complex & Intelligent Systems, 7(5), 2179-2198.

Kang, F., Li, J., Wang, C., & Wang, F. (2023). Um método baseado em rede neural leve para identificar folhas de batata com ferrugem precoce e ferrugem tardia. Ciências Aplicadas, 13(3), 1487.

Qi, C., Sandroni, M., Westergaard, J. C., Sundmark, E. H. R., Bagge, M., Alexandersson, E., & Gao, J. (2023). Classificação em campo da fase biotrófica assintomática da requeima da batata com base em aprendizado profundo e imagens hiperespectrais proximais. Computadores e eletrónica na agricultura, 205, 107585.

Printed by Books on Demand GmbH, Norderstedt / Germany